Daniela Cretu
Andrei Radu Iova
Elena Lascar

Desenvolvimento do sistema educativo na Roménia ao abrigo do programa SOP HRD

Daniela Cretu
Andrei Radu Iova
Elena Lascar

Desenvolvimento do sistema educativo na Roménia ao abrigo do programa SOP HRD

ScienciaScripts

Imprint

Any brand names and product names mentioned in this book are subject to trademark, brand or patent protection and are trademarks or registered trademarks of their respective holders. The use of brand names, product names, common names, trade names, product descriptions etc. even without a particular marking in this work is in no way to be construed to mean that such names may be regarded as unrestricted in respect of trademark and brand protection legislation and could thus be used by anyone.

Cover image: www.ingimage.com

This book is a translation from the original published under ISBN 978-620-2-19800-4.

Publisher:
Sciencia Scripts
is a trademark of
Dodo Books Indian Ocean Ltd. and OmniScriptum S.R.L publishing group

120 High Road, East Finchley, London, N2 9ED, United Kingdom
Str. Armeneasca 28/1, office 1, Chisinau MD-2012, Republic of Moldova, Europe
Printed at: see last page
ISBN: 978-620-8-04896-9

ÍNDICE

INTRODUÇÃO

Os fundos europeus são os instrumentos criados pela União Europeia para desenvolver determinadas áreas e apoiar os países membros a cumprirem determinados padrões de desenvolvimento económico e social.

O presente documento foi elaborado na sequência das mudanças políticas e económicas com consequências sociais e culturais que surgiram com a adesão da Roménia à União Europeia. Este processo de adesão trouxe uma série de vantagens de que o nosso país beneficiou na sequência da integração numa região maior e altamente desenvolvida, tais como os instrumentos estruturais colocados à disposição da Roménia para atingir o objetivo da convergência económica e social.

Nas condições actuais, em que a economia romena, infelizmente, ainda enfrenta problemas estruturais bastante graves, corroborados pela crise económica mundial, considerada por alguns especialistas como sem precedentes, é absolutamente natural considerar como extremamente importante o apoio financeiro concedido pela União Europeia à Roménia, como uma fonte segura de financiamento e necessária para o desenvolvimento do Estado romeno como um todo, a fim de recuperar diferenças significativas em relação a outros Estados europeus.

O documento parte da premissa de que existe uma correlação entre o grau de maturidade da gestão de projectos na sociedade romena, em geral na Região de Desenvolvimento do Sul da Munténia em particular, e os resultados obtidos na gestão dos fundos europeus

Pretendemos apresentar os conceitos teóricos, identificando as fontes de financiamento através dos fundos europeus atribuídos para o período de programação 2007-2013, bem como para o período de programação 2014-2020, os objectivos e resultados obtidos em resultado da implementação de projectos no sector da educação, o impacto nos beneficiários dos projectos financiados para identificar as melhores práticas e formular propostas que contribuam para melhorar a gestão dos projectos, nomeadamente para melhorar o impacto dos projectos no desempenho das organizações que os implementam e na eficácia do desenvolvimento e implementação de estratégias e políticas regionais.

O artigo está estruturado em 3 capítulos, abrangendo a investigação teórica, metodológica e prática (estudo de caso).

O Capítulo I "*Apresentação dos programas operacionais no período de programação 20072013 si 2014-2020*" está estruturado em 3 subcapítulos: "*Definição dos fundos europeus*", "*Programas operacionais 2007-2013*", "*Programas operacionais 2014-2020*". Neste capítulo, apresentamos as oportunidades de financiamento dos projectos ao abrigo dos programas da União Europeia na Roménia no período 2007-2013 e, para o atual período de programação 2014-2020, a modalidade de acesso aos fundos europeus através de projectos, centrando-nos nos documentos necessários para aceder aos fundos ao abrigo do SOPHRD 2007-2013.

No capítulo II "*Apresentação da Região do Sul do Muncípio*", descrevemos a Região do Sul do Muncípio do ponto de vista geográfico, administrativo e da estrutura educativa existente em cada um dos sete municípios da região.

O capítulo III "*Projectos no sector da educação financiados no âmbito do SOPHRD 2007-2013 na região do Sul da Munténia*" está estruturado em 4 subcapítulos: "*Caraterísticas gerais*", "*Projectos implementados na região da Munténia do Sul ao nível do ensino pré-universitário*", "*Projectos implementados na região da Munténia do Sul ao nível do ensino universitário*", "*Estudo de caso. Impacto da implementação de projectos financiados no sector da educação, no âmbito do SOPHRD 2007-2013, no desenvolvimento da comunidade na região do Sul da Munténia*".

No capítulo III, apresentamos brevemente os domínios de intervenção específicos da educação financiados no âmbito do SOPHRD 2007-2013, os tipos de projectos que podem ser financiados, a apresentação do grupo-alvo e os principais resultados obtidos no âmbito dos projectos financiados no sector do ensino pré-universitário e universitário na região do Sul da Munténia, bem como a análise dos montantes angariados no âmbito dos projectos. É apresentada uma análise do questionário, aplicado no âmbito da investigação e a conclusão sobre o impacto do financiamento obtido.

CAPÍTULO I APRESENTAÇÃO DOS PROGRAMAS OPERACIONAIS NO PERÍODO DE PROGRAMAÇÃO 2007-2013 E 2014-2020

1.1. Definição de fundos europeus

A União Europeia é uma das regiões mais prósperas do mundo, tem o poder de um mercado interno de 27 Estados-Membros com mais de 454 milhões de habitantes que vivem em 254 regiões, mas nem todos os europeus têm as mesmas vantagens e oportunidades de sucesso em termos socioeconómicos. Chamamos Fundos Estruturais aos fundos europeus não reembolsáveis concedidos pela UE ao nosso país com o objetivo de ajudar a desenvolver a economia e a sociedade. Estes fundos estruturais, embora não reembolsáveis, cobrem apenas um por cento do total dos projectos europeus

Para o período de programação 2007-2013[1] , bem como para o período de programação 2014-2020[2] , existem três **instrumentos financeiros** conhecidos como Fundos Estruturais, respetivamente: Fundo Europeu de Desenvolvimento Regional (FEDER), Fundo Social Europeu (FSE), Fundo de Coesão (FC) e duas **Acções Complementares**, respetivamente: Fundo Europeu para a Agricultura e o Desenvolvimento Rural (EFARD) e Fundo Europeu para as Pescas (FEP).

Através do **Fundo Europeu de Desenvolvimento Regional (FEDER)**, os investimentos produtivos são financiados para ajudar a criar e manter postos de trabalho, principalmente através do investimento nas PME, do investimento em infra-estruturas e do desenvolvimento do potencial local através de medidas de apoio regional a nível local e regional. **O Fundo Social Europeu (FSE)** tem por missão melhorar as oportunidades de emprego dos desempregados e dos trabalhadores no mercado único, aumentando a sua mobilidade e facilitando a adaptação às mutações industriais, nomeadamente através da formação e da reconversão profissionais, bem como dos sistemas de recrutamento. É dado apoio financeiro às acções de formação e reconversão, bem como à criação de novos postos de trabalho.

O Fundo de Coesão (FC) não co-financia programas, mas financia diretamente projectos individuais que são claramente identificados desde o início. A decisão de financiar um projeto é tomada pela Comissão, com o acordo do Estado-Membro beneficiário, enquanto os projectos são geridos pelas autoridades nacionais e supervisionados por um comité de acompanhamento. É o instrumento financeiro que apoia os investimentos em infra-estruturas de transportes, energia e ambiente

O Fundo Europeu para a Agricultura e o Desenvolvimento Rural (EFARD) tem por objetivo melhorar a eficácia das estruturas de produção, transformação e comercialização dos produtos agrícolas e florestais e o desenvolvimento do potencial local nas zonas rurais. **O Fundo Europeu**

---

1 www.fonduri-ue.ro
2 www.ec.europa.eu

para as Pescas (FEP) é a ação financeira complementar da política comunitária das pescas, que apoia medidas destinadas a aumentar a competitividade do sector das pescas, assegurando simultaneamente um equilíbrio sustentável entre os recursos e a capacidade de exploração.

1.2. Programas operacionais 2007-2013

O Quadro de Referência Estratégico Nacional descreve a estratégia que apoia os Programas Operacionais, que serão co-financiados pelo Fundo Europeu de Desenvolvimento Regional, o Fundo Social Europeu e o Fundo de Coesão. O montante total dos Fundos Estruturais e de Coesão atribuído à Roménia foi de 19,668 mil milhões de euros.

A lista de programas operacionais elaborada pela Roménia, CSNR, instituições que receberam as responsabilidades de gestão dos programas operacionais de acordo com o GD n.º 497/2004[3] , alterado e completado pelo GD n.º 1179/2004 e GD n.º 128/2006:

Quadro 1.1 Programas operacionais 2007-2013

Programa operacional	Autoridade de gestão	Corpo intermédio	Fundo
PO para o aumento da competitividade económica	Ministério da Economia e do Comércio	*Agência Nacional para as Pequenas e Médias Empresas *Ministério da Educação Nacional *Ministério das Comunicações e Tecnologia da Informação *Ministério da Economia e do Comércio *Autoridade Nacional do Turismo	FEDER
OP Transportes	Ministério dos Transportes, das Construções e do Turismo		FEDER+CF
OP Ambiente	Ministério do Ambiente e da Gestão da Água	Agências regionais de proteção do ambiente	FEDER+CF
OP Regional	Ministério dos Fundos Europeus	Agências de desenvolvimento regional	FEDER
PO Desenvolvimento dos Recursos Humanos [4]	Ministério do Trabalho, da Solidariedade Social e da Família	*Agência Nacional para o Emprego da Força de Trabalho *Ministério da Educação Nacional *8 Organismos intermédios regionais, coordenados pelo MMSSF	FSE+ERDF
PO Desenvolvimento da Capacidade Administrativa	Ministério da Administração e dos Assuntos Internos		FSE

3 GD 497/2004 que estabelece o quadro institucional para a coordenação, a execução e a gestão dos Fundos Estruturais
4 *Programas operacionais sectoriais Desenvolvimento dos recursos humanos 2007-2013*

PO Assistência técnica	Ministério das Finanças Públicas		FEDER

Todos os grandes formulários de candidatura ao abrigo do SOPHRD foram preenchidos e apresentados em linha na língua romena[5] . Foi acedida a página Web do MASOPHRD, www.fseromania.ro/index.php, secção APPLY, link Actionweb. Para preencher e apresentar um formulário de candidatura no âmbito de um convite aberto à apresentação de propostas lançado para a execução do SOPHRD, era necessário seguir três passos, respetivamente, a criação de uma conta e o registo da organização, **o preenchimento do formulário eletrónico do formulário de candidatura e a apresentação em linha do formulário de candidatura.**

O Formulário de Candidatura para o SOP HRD inclui os seguintes componentes: **o formulário eletrónico** - que é preenchido em linha e contém informações sobre o projeto proposto, o candidato e os seus parceiros (por exemplo, actividades elegíveis, resultados, recursos envolvidos, grupo-alvo, orçamento do projeto) e **os anexos** (declaração de conformidade, declaração de compromisso, declaração de elegibilidade, declaração de cumprimento do princípio da igualdade de oportunidades, declaração de cumprimento dos requisitos de informação e publicidade, Acordo de Parceria, etc.).).

1.3. Programas operacionais 2014-2020

O Acordo de Parceria[6] para o desenvolvimento e os investimentos aplicados à política de coesão é um documento estratégico nacional, elaborado por cada Estado-Membro e negociado com a Comissão Europeia, que estabelece os objectivos temáticos para o desenvolvimento e a afetação indicativa dos fundos europeus para o período 2014-2020. No período de 2014-2020, a Roménia irá gerir 6 programas operacionais no âmbito da política de coesão da UE: quatro programas financiados pelo Fundo Europeu de Desenvolvimento Regional (FEDER) e pelo Fundo de Coesão e dois programas financiados pelo Fundo Social Europeu (FSE), incluindo a Iniciativa para o Emprego dos Jovens. No período de programação **2014-2020**, a Roménia beneficia de fundos europeus num montante de cerca de **42 mil milhões de euros**. A lista dos programas operacionais, das instituições às quais foram atribuídas responsabilidades de gestão/organismos intermédios dos programas operacionais, de acordo com o GD 398/2015[7] , tal como posteriormente alterado e completado, é a seguinte

Quadro 1.2 Programas operacionais 2014-2020

Programa operacional	Autoridade de gestão	Corpo intermédio	Fundo
PO "Competitividade"	Ministério dos Fundos Europeus	*Autoridade Nacional para a Ciência	FEDER

5 Guia do Candidato, Termos Gerais, página. 31-40
6 www.fonduri-ue.ro
7 DG 398/2015 para a criação do quadro institucional e a gestão dos fundos europeus estruturais e dos fundos de investimento, a fim de assegurar a continuidade do quadro institucional para a coordenação e gestão dos instrumentos estruturais

		Investigação e inovação	
PO "Grandes infra-estruturas"	Ministério dos Fundos Europeus	*Ministério dos Transportes	FEDER+CF
PO "Capital humano"	Ministério dos Fundos Europeus	*Ministério do Trabalho, da Família e do Emprego Proteção social *Ministério da Educação Nacional	FSE
Programa Operacional Regional	Ministério do Desenvolvimento Regional e da Administração Pública	*Agências de desenvolvimento regional	FEDER
PO "Capacidade administrativa"	Ministério do Desenvolvimento Regional e da Administração Pública		FSE
PO "Assistência técnica"	Ministério dos Fundos Europeus		FEDER

Os investimentos dos fundos europeus afectados ao período de programação 2014-2020 envolverão 8 regiões de desenvolvimento. Destas, 7 pertencem à categoria das regiões menos desenvolvidas (cujo PIB per capita é inferior a 75% do PIB médio da UE-27), nomeadamente Nordeste, Sudeste, Sul da Munténia, Sudoeste da Olténia, Oeste, Noroeste e Centro. A região de Bucareste-Ilfov pertence à categoria das regiões desenvolvidas (cujo PIB per capita é superior a 90% do PIB médio da UE-27). Ao nível dos programas operacionais, são estabelecidas dotações financeiras diferenciadas em função das categorias de regiões, respetivamente entre regiões desenvolvidas e regiões menos desenvolvidas. Para cada convite aberto à apresentação de propostas, as dotações financeiras de acordo com as duas categorias de regiões serão claramente indicadas.

No âmbito do Programa Operacional Capital Humano, os formulários de candidatura são preenchidos e submetidos online no sistema eletrónico MySMIS, e o procedimento para submeter um formulário de candidatura é semelhante ao do período de programação anterior. Tanto o candidato como o parceiro terão de carregar no sistema um conjunto de declarações padrão que certificam que cumprem os critérios de elegibilidade listados neste guia, bem como o guia do candidato relacionado com a proposta de projeto para a qual o financiamento é solicitado. Os dados mais importantes a preencher são os **dados do projeto**, por exemplo, os objectivos do projeto, os resultados esperados, o grupo-alvo, a relevância, os indicadores, os recursos humanos envolvidos, as actividades previstas, o orçamento.

CAPÍTULO II APRESENTAÇÃO DA REGIÃO MUNTENIA SUL

2.1. Caraterísticas organizacionais

A Região da Munténia do Sul tem como estrutura de gestão e implementação das políticas de desenvolvimento regional a Agência de Desenvolvimento Regional da Munténia do Sul (ADR da Munténia do Sul), que começou a funcionar em 19998, com sede no município de Călăraşi, na rua 1, 1 de dezembro de 1918. Nos outros 6 condados, a Agência é representada por um gabinete do condado, onde dois ou três funcionários desenvolvem a atividade.

Fig. 2.1. Mapa administrativo da região Sul-Muntenia

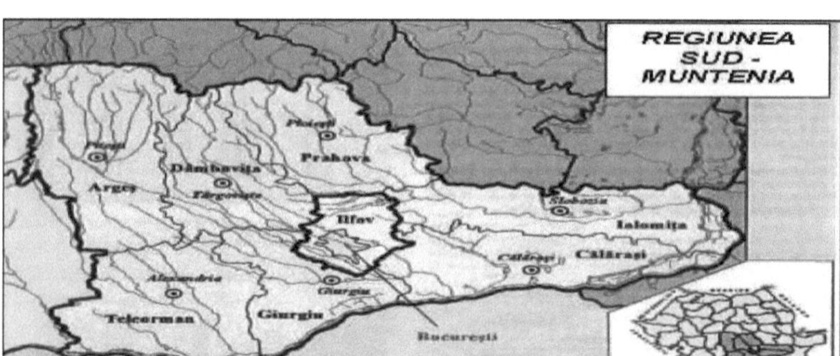

A região Sul da Munténia faz fronteira a Norte com a região Centro, a Nordeste com a região Sudeste, a Sul com a Bulgária, sendo o limite dado pela fronteira natural - o rio Danúbio, e a Oeste com a região Sudoeste. A presença do rio Danúbio na parte sul da região dá-lhe a oportunidade de comunicar com os outros 8 condados fluviais, através do canal Danúbio-Mar Negro, com o Mar Negro e o acesso ao porto de Constança. A inclusão da capital do país, Bucareste, na região constitui, graças às infra-estruturas existentes, incluindo o aeroporto internacional Henri Coandă, uma vantagem social e económica. A região da Munténia do Sul é formada por: 7 condados[8][9] : Argeş (6,826 km2), Călăraşi (5,088 km2), Dâmboviţa (4,054 km2), Ialomiţa (4,453 km2), Giurgiu (3,526 km2), Prahova (4,716 km2) e Teleorman (5,790 kmp), com 16 municípios, 32 cidades e 519 comunas (tabela nº 2.1).

Tabela .2.1 Estrutura das localidades, em condados, na Região Sul-Muntenia, em 2016

Região/país de desenvolvimento	Superfície total		Cidade e municípios		Dos quais: municípios		Comunas		Aldeias	
	km2	%	Não	%	Nr	%	Não	%	Nr	%
Roménia	238,391	*100.0*	320	*100.00*	103	*100,0*	2,861	*100,0*	12,957	*100,0*
Sul - Muntenia	8,213	*14,5*	48	*15,0*	16	*15,5*	519	*18,1*	2,019	*15,6*

8 www.adrmuntenia.ro
9 *** Detalhes sobre a região Sul-Muntenia, Fonte:
http://www.adrmuntenia.ro/pagini/detalii_despre_regiunea_sud_muntenia_si_harti.html

Argeș	1,627	2,9	7	2,2	3	2,9	95	3,3	576	4,4
Călărași	1,213	2,1	5	1,6	2	1,9	50	1,7	160	1,2
Dâmbovița	966	1,7	7	2,2	2	1,9	82	2,9	353	2,7
Giurgiu	841	1,5	3	0,9	1	1,0	51	1,8	167	1,3
Ialomița	1,062	1,9	7	2,2	3	2,9	59	2,1	127	1,0
Prahova	1,124	2,0	14	4,4	2	1,9	90	3,1	405	3,1
Televisor	1,380	2,4	5	1,6	3	2,9	92	3,2	231	1,8

Fonte: *Anuário Estatístico da Roménia 2016*, INS

A zona rural da região era constituída administrativamente, em 2016, por 7 concelhos que compreendiam 519 comunas, compreendendo 2019 aldeias. Diferente da zona urbana pelo perfil das actividades económicas, pela estrutura ocupacional e pelos recursos disponíveis, a zona rural, pelo seu potencial de desenvolvimento, desempenha um papel especial na vida económica e social da região. A estrutura das localidades da Região Sul-Muntenia é apresentada no quadro n.º 2.1.

2.2. Infra-estruturas de ensino

O sistema educativo, tanto a nível nacional como a nível da Região da Tunísia do Sul, inclui a infraestrutura educativa, representada pelas unidades em que a atividade educativa tem lugar, nomeadamente jardins de infância, escolas, escolas secundárias, faculdades e unidades de ensino profissional e educação especial. Pode referir-se que a infraestrutura escolar está bem representada ao nível da região e assim é possível apoiar o bom desenvolvimento do ato educativo, sendo de referir que na zona rural, este tipo de infraestrutura social pode ser considerado inadequado ao processo de desenvolvimento rural, exigindo uma reestruturação das estruturas escolares e projectos de investimento relacionados com as exigências e necessidades locais. Os dados sobre as infra-estruturas educativas a nível nacional e da Região Sul do Muntenia em 2015 para os diferentes níveis de ensino cumulativamente nas zonas urbanas e rurais são apresentados na tabela nº 2.2.

Tabela 2.2. Estrutura, por concelhos, das unidades de ensino na Região Sul-Muntenia, ano 2015

Região/país de desenvolvimento	Jardins de infância		Escolas		Escolas profissionais		Escolas secundárias		Unidades de ensino pós-secundário		Faculdades	
	não	%	Não	%	não	%	não	%	não	%	não	%
Roménia	1367	100,0	4022	100,0	6	100,0	1615	100,0	86	100,0	108	100,0
Sul - Região da Munténia	145	10,6	684	17,0	1	16,7	210	13,0	12	14,0	4	3,7
Argeș	25	1,8	128	3,2	-	-	45	2,8	2	2,3	2	1,9
Călărași	16	1,2	65	1,6	-	-	17	1,1	1	1,2	1	0,9

Dâmbovița	18	*1,3*	106	*2,6*	-	-	31	*1,9*	-	-	1	*0,9*
Giurgiu	6	*0,4*	66	*1,6*	-	-	13	*0,8*	1	*1,2*	-	-
Ialomița	20	*1,5*	75	*1,9*	-	-	27	*1,7*	1	*1,2*	-	-
Prahova	41	*3,0*	137	*3,4*	1	*16,7*	54	*3,3*	6	*7,0*	1	*0,9*
Telefonista	19	*1,4*	107	*2,7*	-	-	23	*1,4*	1	*1,2*	-	-

Fonte: Anuário Estatístico da Roménia, 2016, INS

A taxa de escolarização a nível regional é representada da seguinte forma:

- 0,15% para o ensino primário e 99,85% para o ensino secundário, em comparação com o nível nacional, em que a taxa era de 1,29%, respetivamente, 98,71%.

- O município de Prahova é conhecido pelo maior número de jardins-de-infância (41 unidades), o maior número de escolas secundárias (137 escolas) e o maior número de escolas secundárias em toda a região (54 escolas secundárias e 6 escolas pós-secundárias em 2015).

- O condado de Argeș destaca-se pelo maior número de faculdades, respetivamente 2 unidades de ensino superior.

Da análise da taxa de escolarização em todos os níveis de ensino (quadro 2.3.), verifica-se que, a nível nacional, este indicador teve uma evolução crescente até 2007 (até 113%), tendo depois diminuído para 109,5% em 2015.

- Esta evolução ocorreu também na Região Sul-Muntenia (respetivamente utp para 109,8% em 2007, atingindo 106,8% em 2015). O condado de Călărași foi marcado por um ligeiro aumento, mas continua (exceto para 2007), excedendo em 12,.% o valor de 2000 deste indicador. Além disso, no condado de Giurgiu, a taxa de escolaridade teve uma tendência ligeiramente crescente, até 8,8% em 2015. Nos outros municípios, os valores deste indicador mostraram baixas flutuações, com uma ligeira tendência decrescente até ao final do período analisado.

Quadro 2.3. Evolução da taxa de escolarização em todos os níveis de ensino na região Sul-Muntenia

Especificação	UM	2000	2005	2008	2010	2013	2015
Total do país	Milhares de habitantes	60,2	64,9	68,1	67,7	66,4	65,9
	%	*100,0*	*107,8*	*113,1*	*112,5*	*110,3*	*109,5*
Região do Sul da Munténia	Milhares de habitantes	61,4	67,8	67,4	66,9	68,1	65,6
	%	*100,0*	*110,4*	*109,8*	*109,0*	*110,9*	*106,8*
Argeș	Milhares de habitantes	69,5	78,9	78,4	77	79,7	77,4
	%	*100,0*	*113,5*	*112,8*	*110,8*	*114,7*	*111,4*
Călărași	Milhares de habitantes	56	62	61,5	61,7	62,3	62,8

	%	*100,0*	*110,7*	*109,8*	*110,2*	*111,3*	*112,1*
Dâmbovița	Milhares de habitantes	64,6	66,6	65,7	65,9	66,9	65,1
	%	*100,0*	*103,1*	*101,7*	*102,0*	*103,6*	*100,8*
Giurgiu	Milhares de habitantes	53,5	57,2	57,4	57,9	58,5	58,2
	%	*100,0*	*106,9*	*107,3*	*108,2*	*109,3*	*108,8*
Ialomița	Milhares de habitantes	57,1	64	63	62,8	63,4	62,5
	%	*100,0*	*112,1*	*110,3*	*110,0*	*111,0*	*109,5*
Prahova	Milhares de habitantes	61,2	68	68,6	68	69,3	68,6
	%	*100,0*	*111,1*	*112,1*	*111,1*	*113,2*	*112,1*
Telefonista	Milhares de habitantes	57,2	66,5	64,7	63,6	64	64,9
	%	*100,0*	*116,3*	*113,1*	*111,2*	*111,9*	*113,5*

- Fonte: *Anuário Estatístico da Roménia 2016,* INS

2.3. Evolução dos indicadores demográficos na região do Sul da Munténia

A população da Roménia no período 2000-2015 registou um decréscimo contínuo, atingindo 21.354,4 mil habitantes (95,2%) em comparação com o ano de referência de 2000 (Tabela nº 2.4) em 2015. Durante o mesmo período, a população da região da Munténia do Sul diminuiu numa percentagem mais acentuada, atingindo 93,4% em relação a 2000.

Nos condados, a maior diminuição percentual ocorreu no Condado de Teleorman (14,2% em 2015) e a menor diminuição foi registada no Condado de Dâmbovița (em 4,2%). A população da região apresentou durante o período analisado uma taxa de 15,47% (2000) para 15,19% (em 2015) da população do país.

Relativamente à estrutura da população por área de residência (Tabela 3.55), ao nível do país, em 2011, apresentava 54,9% da população urbana e 45,1% da população rural. Na região Sul-Muntenia, a população urbana tinha 41,4% (menos 13,5% do que a média nacional) e a população rural 58,6% (mais do que a média do país com as mesmas percentagens).

Tabela 2.4. Evolução da população total na região Sul-Muntenia

Especificação	UM	2000	2005	2007	2009	2011	2013	2015
Total do país	Milhares habitantes	22435,2	21623,8	21537,6	21504,4	21469,9	21431,3	**21354,4**
Sul Região da Munténia	Milhares habitantes	3471,3	3338,2	3304,8	3292	3279,8	3258,8	**3243,3**
Argeş	Milhares habitantes	672,9	646,9	644,1	644,5	642,4	639,2	636,6

Călăraşi	Milhares habitantes	331,7	318,4	315,4	314,1	313,5	311,9	310,5
Dâmboviţa	Milhares habitantes	551,9	537,9	534,2	531,4	531	529,8	528,9
Giurgiu	Milhares habitantes	294,9	287,5	283,9	282,6	282,3	280,1	279,2
Ialomiţa	Milhares habitantes	304,6	293,1	290,6	289,5	288,5	287	285,7
Prahova	Milhares habitantes	857	829,3	822,1	819,6	817,1	812,8	809,1
Televisor	Milhares habitantes	458,3	425,2	414,5	410,3	405,1	398	393,2

Fonte: Anuário Estatístico da Roménia 2016, INS

O fator de decréscimo da população da região da Munténia do Sul é representado pela *migração*, tanto *interna* como *externa*. As mutações na estrutura socioeconómica da Roménia levaram a uma intensa mobilidade territorial da população, com consequências diretas na alteração do número e da estrutura sociodemográfica da população no perfil territorial.

CAPÍTULO III PROJECTOS NO SECTOR DA EDUCAÇÃO FINANCIADOS NO ÂMBITO DO SOPHRD 2007-2013 NA REGIÃO SUL DA MUNIÇÃO

3.1 Caraterísticas gerais

O Programa Operacional de Desenvolvimento dos Recursos Humanos estabelece os principais eixos de intervenção da Roménia no sector dos recursos humanos, eixos esses que são co-financiados pelo Fundo Social Europeu no âmbito do objetivo "Convergência", para o período de programação 2007-2013. O SPO DRH tem 7 eixos prioritários e 21 grandes domínios de intervenção (MFI). No sector da educação podem ser acedidos projectos no âmbito dos grandes domínios de intervenção 1.1, 1.2, 13, 1.5, 2.1 şi 2.2.[10]

IFM 1.1. Acesso à educação e à formação profissional inicial de elevada qualidade[11] diz respeito à necessidade de desenvolver e estruturar um sistema de ensino pré-universitário que proporcione e assegure a todos uma educação de qualidade, competências essenciais e competências profissionais.

IFM 1.2. Qualidade no ensino superior[12] apoia as actividades destinadas a reestruturar o ensino superior, a fim de desenvolver e implementar os sistemas nacionais de qualificações e garantir qualificações no ensino superior, bem como projectos destinados a melhorar as oportunidades de aprendizagem, ao nível dos ciclos universitários, estudos de licenciatura e mestrado.

IFM 1.3. Desenvolvimento dos recursos humanos no domínio da educação e da formação profissional[13] apoia a formação e o desenvolvimento das competências do pessoal docente do sistema educativo e da formação profissional inicial e contínua, nomeadamente no que se refere à capacidade de utilizar métodos de ensino-aprendizagem interactivos e as TIC.

IFM 1.5. Programas de doutoramento e pós-doutoramento para apoiar a investigação[14] - no âmbito desta grande área de intervenção podem ser concedidas bolsas de estudo, garantindo assim condições para participar em programas de doutoramento e pós-doutoramento na Roménia, bem como estágios de estudo/investigação/mobilidade académica com uma duração máxima de 8 meses numa universidade/centro de investigação da União Europeia.

IFM 2.1 Transição da escola para a vida ativa[15] apoia o desenvolvimento das competências laborais das pessoas em situação de transição da escola para a vida ativa e, consequentemente, a melhoria da sua inserção no mercado de trabalho. Assim, durante os programas de educação e

---

10 Programa Operacional Sectorial de Desenvolvimento dos Recursos Humanos - SOPHRD 2007-2013, página. 65-85
11 Documento de Implementação do Quadro do SOPHRD 2007-2013, versão 11, anexo ao Despacho do Ministro dos Fundos Europeus n.º 4385/21.12.2015, página. 4385/21.12.2015, página. 11
12 Idem, p. 24
13 Idem, p. 36
14 Idem, p. 57
15 Idem, pág. 68

formação profissional, podem ser apoiadas actividades centradas no aumento da relevância dos resultados de aprendizagem adquiridos no trabalho e na melhoria dos serviços de orientação e aconselhamento profissional.

IFM 2.2. Prevenção e correção do abandono escolar precoce[16] apoia a elaboração e a aplicação de estratégias, planos de ação e medidas, a nível local, nacional e multirregional, para: o prevenir o fenómeno do abandono escolar precoce e manter no sistema educativo e na formação profissional inicial as pessoas em risco; o reintegrar as pessoas que abandonaram precocemente/abandonaram a escola.

O SOP HRD 2007-2013 foi gerido pela Autoridade de Gestão SOPHRD 2007-2013, organizada pelo Ministério do Trabalho. Para os domínios específicos da educação foram designados dois organismos intermédios, organizados no âmbito do Ministério da Educação, respetivamente a IB SOPHRD - MNE (IFM 1.1, 1.2, 1.3, 1.4, 1.5, 2.2) e a IB SOPHRD - CNDIPT (IFM 2.1 e 2.3).

Para o período de programação 2007-2013, foram lançados **195** convites à apresentação de propostas, dos quais 43 se destinavam efetivamente ao sector da educação (ver **Anexo 1**). O valor financeiro total atribuído foi de 7 020 363 692,85 lei (cerca de 1 651 850 280,67 euros - em relação a uma taxa de câmbio média de referência de 4,25 lei/euro[17]).

No âmbito destes convites à apresentação de propostas, foram lançados dois tipos de projectos:[18]

❖ **Projectos estratégicos** - projectos que são implementados a nível nacional, multi-regional ou setorial, com um valor entre 500 000 e 5 000 000 euros;

❖ **Projectos subvencionados** - projectos que serão implementados a nível regional, multi-regional ou local, com um valor entre 50.000 e 499.999 euros.

Para os projectos geridos pelo IB SOPHRD IB no âmbito do Ministério da Educação, a dotação financeira foi definida apenas a nível nacional e não a nível regional. No presente documento, apresentamos os projectos executados no sector da educação, na região da Moldávia do Sul, durante o período de programação 2007-2013. De acordo com os dados apresentados no Anexo 2, em resultado da candidatura a financiamento na região da Moldávia do Sul, foram executados projectos no sector da educação num valor total de 421 641 401,18 lei (cerca de 99 209 741,45 euros), ou seja, cerca de 6% da dotação financeira total para todos os convites à apresentação de propostas lançados no âmbito do DRH 2007-2013.

---

16 Idem pág. 79
17 www.cursbnr.ro/arhiva-curs-bnr.
18 Idem pág. 9

3.2 Projectos realizados na região do Sul da Munténia ao nível do ensino pré-universitário

No âmbito do SOPHRD 2007-2013, no sector do ensino pré-universitário, foram executados 51 projectos, com um valor total de 348 104 865,19 lei (cerca de 81 907 027,10 euros). No que se refere ao ensino pré-universitário, foram executados projectos no domínio da educação no âmbito dos IFM 1.1 - Acesso a uma educação e formação iniciais de elevada qualidade, 1.3 - Desenvolvimento de recursos humanos na educação e formação, 2.1 - Transição da vida ativa, 2.2 - Prevenção e correção do abandono escolar precoce. A repartição dos montantes relativos aos projectos executados por domínios de intervenção específicos do ensino pré-universitário é a seguinte

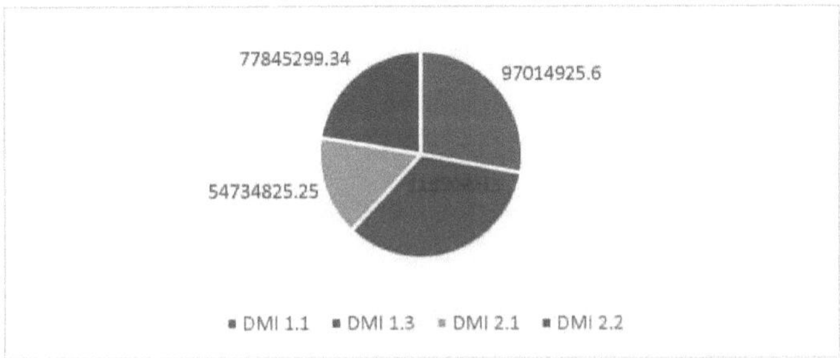

Figura 3.1. Projectos realizados em domínios de intervenção específicos do ensino pré-universitário

No âmbito **do grande domínio de intervenção 1.1 - Acesso à educação e à formação profissional inicial de elevada qualidade,** foram executados 9 projectos, no valor total de 97 014 925,60 lei (cerca de 22 827 041,32 euros), dos quais uma subvenção de tipo projeto e 8 projectos estratégicos.

No condado de *Călărași*, o projeto estratégico foi implementado **MAST NETWORKING, QUALITY IN KEY COMPETENCES DEVELOPMENT OF MATHEMATICS, SCIENCES AND TECHNOLOGIES**, com um valor total de 20.785.050,00 lei (cerca de 4.890.600.00 euros) pela Inspeção Escolar do Condado de Călărași (ISJ) em parceria com ISJ Cluj, ISJ Iași, ISJ Sibiu, ISJ Mehedinți, Agência Romena de Garantia da Qualidade no Ensino Pré-Universitário - ARACIP, Associação para a Educação e Ciência "Hermann Oberth" Bucareste, Grupo de Iniciativa da Fundação para a Educação Física. *"[19]* Participaram no projeto as seguintes categorias de grupos-alvo: pessoal com funções de gestão, acompanhamento, avaliação e controlo nas inspecções escolares - 45 pessoas, diretores de unidades de ensino - 300 pessoas, do sistema nacional de exame, avaliação e currículo no ensino pré-universitário - 300 pessoas, alunos - 6000 pessoas (grupo-alvo total - 6.645 pessoas). Oficinas de Criatividade e Inovação, um dos produtos mais espectaculares e interessantes do projeto, onde a matemática, as ciências e as tecnologias foram ensinadas de outra forma (através

19 www.mastnet.ro

de projectos), mas também um método de ensino interdisciplinar interativo.

No condado de *Dâmbovița*, foram implementados dois projectos estratégicos. Projeto **Optim Emanager!** Com um valor total de 15.758.859,41 lei (cerca de 3.707.967 euros) foi implementado pelo ISJ Dâmbovița, em parceria com o ISJ Brașov, Centro de Pessoal Docente CCD Dâmbovița, CCD Brașov, Associação Shotron Bucareste."[20] O grupo-alvo do projeto foi representado pelas seguintes categorias: diretores das unidades educativas - 250 pessoas, membros dos conselhos administrativos das unidades educativas - 615 pessoas, pessoal com cargos de gestão, monitorização e controlo nas inspecções escolares do condado - 35 pessoas (grupo-alvo total - 900 pessoas). O projeto proporcionou um programa de formação contínua que combinava teoria e prática de gestão, com a capacidade de utilizar um sistema de apoio informático com ferramentas de gestão digital concebidas para poupar tempo e recursos materiais, bem como para aumentar a qualidade dos processos de gestão escolar.

O projeto estratégico **"Acesso ao sucesso - Inovar o programa de formação complementar dos alunos para avaliação nacional***"*, com um valor total de 6.394.859,14 lei (cerca de 1.504.673 euros), foi implementado pelo ISJ Dâmbovița em parceria com o ISJ Suceava e a Federação Nacional das Associações de Pais.[21] O grupo-alvo do projeto era constituído por: 4102 alunos do ensino secundário, 231 pessoas do sistema nacional de exame, avaliação e currículo no ensino pré-universitário, 42 conselheiros escolares (grupo-alvo total - 4.375 pessoas). O pessoal docente e os conselheiros escolares do grupo-alvo beneficiaram de cursos de formação acreditados no âmbito do projeto, os alunos beneficiaram de formação adicional e, para estimular o desempenho dos alunos que participaram no programa, foram organizadas viagens a escolas secundárias e empresas.

No país de **Prahova**, foi implementado o projeto estratégico *"Qualidade na gestão das unidades escolares"*, com um valor total de 17.422.914,66 lei (cerca de 4.099.510 euros), cujo beneficiário foi o ISJ Prahova, em parceria com o ISMB, ARACIP, Association Shotron Bucharest, Standing International Conference of Central and General Inspectorates of Education".[22] O grupo-alvo deste projeto era constituído por diretores de unidades de ensino - 1 001 pessoas com cargos de gestão, acompanhamento, avaliação e controlo nas inspecções escolares - 41 pessoas (grupo-alvo total: 1042 pessoas). No âmbito do projeto, foi desenvolvido um programa de formação profissional contínua em regime de *aprendizagem mista* para os diretores das escolas, foi pilotado um programa de aconselhamento e realizaram-se muitos workshops. Foram realizadas visitas de estudo para os inspectores escolares formados na Escócia, Suécia e Alemanha.

20 www.optime-manager.ro
21 www.acces-la-succes.ro
22 www.calitate-in-educatie.ro

No município de *Teleorman*, foram implementados 5 projectos (um projeto do tipo subvenção e 4 projectos estratégicos) com um valor total de 36 653 242,39 lei (cerca de 8 624 292 euros). A subvenção do tipo projeto **"Aprenda a ser um empresário e um cidadão ativo no seu município! SISTEMA COLABORATIVO ELECTRÓNICO PARA ALUNOS DE ESCOLAS SUPERIORES"**, no valor total de 1 843 059,00 lei (cerca de 433 660 euros), foi implementado por Al. I. Cuza Theoretical High School Teleorman em parceria com a Ghica Alexandria Theoretical High School e a Softwin SA.[23] O grupo-alvo do projeto era constituído por: conselheiros escolares - 1 pessoa, diretores de escolas - 2 pessoas, alunos - 850 pessoas, pessoal do sistema nacional de exames, avaliação e currículo no ensino pré-universitário - 12 (total de 865 pessoas). No âmbito do projeto, foi elaborada uma plataforma educativa de tipo digital para alunos e professores, foram organizados 2 concursos com projectos propostos e elaborados por alunos no âmbito da educação empresarial, foi elaborado um mini-guia de boas práticas para a aprendizagem da disciplina Educação Empresarial.

O projeto estratégico **"E-manager school plus!"** com um valor total de 17.428.120,00 lei (cerca de 4.100.735 euros) foi implementado pelo ISJ Teleorman em parceria com o ISJ Olt, CCD Teleorman, CCD Olt, Associação Shotron Bucareste, Associação de Amizade Romeno-francesa ROMFRA.[24] O grupo-alvo do projeto era representado por: diretores de escolas - 415 pessoas, membros dos conselhos de administração - 1951 pessoas, pessoal com funções de gestão, acompanhamento e controlo nas inspecções escolares - 34 pessoas (total - 2 400 pessoas). Após a execução do projeto, 2400 pessoas beneficiaram gratuitamente de cursos de formação em gestão.

O projeto estratégico **"Desenvolvimento das competências digitais dos alunos no ensino secundário através de meios inovadores"**, com um valor total de 4.739.937,24 lei (cerca de 1.115.280 euros), foi implementado pelo ISJ Teleorman, em parceria com o ISJ Dolj, a Associação de Amizade Romeno-francesa ROMFRA e a SIVECO Romania SA.[25] . O grupo-alvo do projeto era constituído por 4100 alunos que receberam formação em sessões de formação e avaliação de competências digitais, para melhorar os desempenhos e os resultados dos alunos nos testes nacionais, passando a ênfase no processo de aprendizagem para uma aprendizagem individualizada e personalizada, facilitando, respetivamente, a obtenção do certificado ECDL.

O projeto estratégico **"E_sistemCalitate pentru unități şcolare din regiunile Sud- Muntenia şi Sud-Vest Oltenia" (qualidade para as escolas nas regiões Sul-Muntenia e Sudoeste)** com um valor total de 8.453.200,30 lei (cerca de 1.988.989 euros) foi implementado pelo ISJ Teleorman em

23 www.liceul-cuza-alexandria.ro
24 www.tr-emanager.ro.
25 www.isjtr.ro

parceria com o ISJ Dolj, ISJ Gorj, Associação "ROMFRA" Alexandria.[26] O grupo-alvo do projeto era constituído por: 500 diretores de escolas; 500 membros das comissões de avaliação e garantia da qualidade em unidades de ensino pré-universitário; 500 membros dos conselhos de administração das escolas (grupo-alvo total - 1.500 pessoas). A formação contínua foi realizada no âmbito do projeto em sistema de *aprendizagem mista* de 1500 membros, 500 escolas receberam formação para a avaliação externa pela ARACIP.

O projeto estratégico "**Desenvolvimento de competências-chave e transdisciplinares através de competições escolares nos condados de Teleorman**", com um valor total de 4 188 925,85 lei (cerca de 985 630 euros), foi implementado pelo ISJ Teleorman em conjunto com o CJRAE Teleorman como parceiro.[27] O grupo-alvo do projeto era representado por 15.000 alunos do ensino pré-universitário no condado de Teleorman. No âmbito do projeto, foram desenvolvidos e prestados serviços de orientação e aconselhamento escolar e foram desenvolvidos e aplicados instrumentos inovadores para a avaliação das competências-chave e transdisciplinares dos alunos.

Em conclusão, no âmbito **do domínio de intervenção 1.1 Acesso à educação e formação profissional inicial de elevada qualidade,** os projectos em Argeş, Giurgiu e Ialomiţa não foram executados. Nos outros 4 condados, a distribuição dos fundos atraídos foi a seguinte:

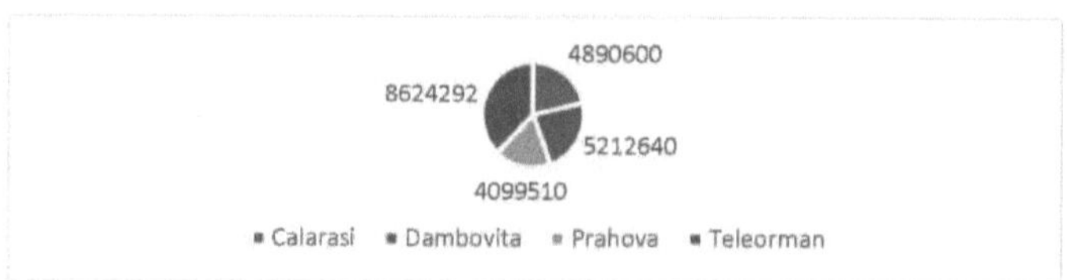

Figure 3.2   Montantes mobilizados ao abrigo do IFM 1.1 na região do Sul do Montenegro

A execução dos projectos financiados ao abrigo do POP DRH 2007-2013, no âmbito do IFM 1.1, beneficiou 36 827 pessoas, com a seguinte distribuição por categorias de grupos-alvo

26 www.isjtr.ro
27 www.isjtr.ro

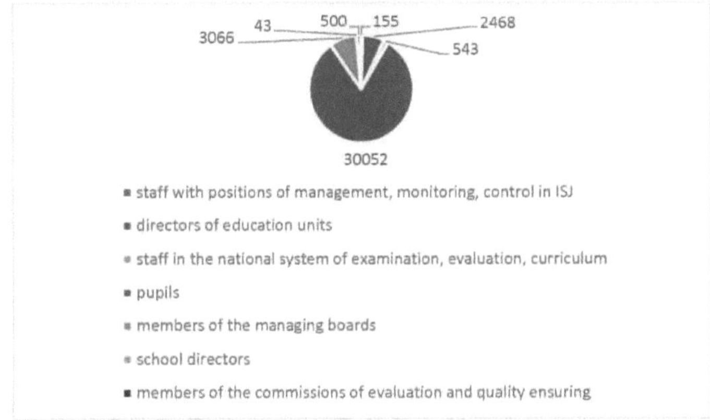

Figure 3.3   Categorias do grupo Targert envolvidas na execução dos projectos - IFM 1.1

No âmbito **do grande domínio de intervenção 1.3** - **Desenvolvimento dos recursos humanos na educação e formação profissional**, foram executados 15 projectos, no valor total de 118 509 815,00 lei (cerca de 27 884 662,35 euros), dos quais 6 projectos de subvenção e 9 projectos estratégicos.

No **condado de Argeş,** foram implementados 4 projectos (2 do tipo subvenção e 2 estratégicos) com um montante total de 16 123 320,13 lei (cerca de 3 793 722 euros). O projeto de subvenção **"Formação contínua e reconversão profissional para os professores de língua estrangeira no domínio da tradução"** foi implementado pela Universidade de Piteşti em parceria com o CCD Argeş, SC Althea Impact SRL, SC International Languages SRL[28] e destinou-se ao pessoal docente (56 pessoas), formadores (4 pessoas), jovens licenciados com menos de 35 anos iniciantes na carreira docente (36 pessoas) e o pessoal envolvido na gestão de programas de formação contínua (5 pessoas) - grupo-alvo total - 101 pessoas. No âmbito do projeto, os membros do grupo-alvo participaram em cursos de formação em línguas francesa e inglesa, foram desenvolvidos métodos participativos e inovadores para o ensino de línguas estrangeiras, foram efectuados intercâmbios de experiências, etc.

O projeto de subvenção **"Totta vita schola est"**, com um valor total de 1 586 137,00 lei (cerca de 373 210 euros), foi implementado pela Universidade de Piteşti em parceria com a Escola Pedagógica Nacional "Carol I" em Câmpulung - Muscel, a Escola Nacional "Oprea Iorgulescu" em Câmpulung Muscel.[29] O grupo-alvo do projeto era representado por 400 docentes e 100 jovens licenciados com menos de 35 anos de idade, iniciantes na carreira docente (total de 500 pessoas). Após a execução do projeto, os formandos participaram em módulos de formação contínua acreditados.

---

28 www.upit.ro
29 www.tvsc.ro

O projeto estratégico "**Aumento da competitividade do ensino pré-universitário romeno, na área automóvel, através da formação de pessoal docente de acordo com as normas europeias. AUTO-FORM**" com um valor total de 9.846.138,13 lei (cerca de 2.316.740 euros) foi implementado pela Universidade de Piteşti em parceria com a S.C. Tera Impex S.R.L. em Sibiu, o Instituto Nacional para o Desenvolvimento da Investigação em Tecnologias Criogénicas e Isotópicas Râmnicu Vâlcea e o Instituto Técnico Dr.-Ing. Paul Christiani GmbH & Co. KG na Alemanha.[30] O grupo-alvo do projeto era constituído por 500 docentes, 10 principiantes na carreira docente e 15 formadores (total - 525 pessoas). No âmbito do projeto, foi ministrada formação através de técnicas modernas a 500 docentes activos no domínio automóvel, foram iniciadas mesas redondas, reuniões e sessões de diálogo social entre os representantes do sector empresarial e os representantes das instituições de ensino, a fim de encontrar a solução necessária para desenvolver um sistema de ensino optimizado.

O projeto estratégico "**Parceria romeno-alemã para a formação de pessoal docente pré-universitário no domínio da mecatrónica. EURO-MECA-FORM**" com um valor total de 4.233.087,00 lei (cerca de 996.020 euros) foi implementado pela Universidade de Piteşti em parceria com a S.C. Tera Impex S.R.L. em Sibiu, com o Instituto Técnico Dr.-Ing. Paul Christiani GmbH & Co. KG na Alemanha[31] e foi destinado ao pessoal docente - 589 pessoas. Na sequência da participação nas actividades do projeto, foi elaborado e implementado um novo programa de formação - Técnico de Mecatrónica, no âmbito do qual foram formados 585 docentes, que participaram também em duas sessões de formação internacionais na Alemanha.

No município de **Dâmboviţa**, foram implementados 7 projectos (2 de subvenção e 5 estratégicos) com um valor total de 75.618.707,85 lei (cerca de 17.792.637,00 euros). O projeto de subvenção **Desenvolvimento de desempenhos de investigação aplicada para o pessoal do ensino superior no domínio da proteção do ambiente e da segurança alimentar (DECERIS)**, com um montante total de 1 799 980,00 lei (cerca de 423 525.00 euros) foi implementado pela Universidade de Valahia em Târgovişte em parceria com a USAMV Bucareste, a Universidade de Estudos de Molise, Itália[32] e destinou-se às seguintes categorias de grupos-alvo: pessoal docente - 50 pessoas, pessoal docente auxiliar - 6 pessoas, jovens licenciados com menos de 35 anos de idade iniciantes na carreira docente - 9 pessoas (grupo-alvo total - 65 pessoas). Após a implementação do projeto, 65 pessoas receberam formação e foram certificadas, tendo participado em dois estágios de especialização em Itália.

O projeto de subvenção "**EDUTIC - Sistema de formação contínua do pessoal docente, a fim de aumentar a eficiência da utilização das TIC e assegurar a formação assistida por computador**

---

30 www.auto-form.ro
31 www.euromecaform.ro
32 www.deceris.ro

no sector pré-universitário" com um montante total de 1.179.612,00 lei (cerca de 277.555 euros) foi implementado pela Universidade de Valahia em Târgovişte em parceria com ISJ Argeş, ISJ Buzău, ISJ Călăraşi, ISJ Dâmboviţa, ISJ Giurgiu, ISJ Ialomiţa, ISJ Olt, ISJ Prahova e ISJ Teleorman[33] e destinou-se a um número total de 400 docentes. Após a participação nas actividades do projeto, 400 professores receberam formação para utilizar e integrar métodos em TIC durante o processo de ensino na sala de aula. Foram elaborados materiais didácticos, tutoriais e um guia para os formandos.

O projeto estratégico *"Desenvolvimento de recursos humanos na educação pré-escolar"* com o valor total de 15.107.104,00 lei (cerca de 3.554.615.00 euros) foi realizado pelo ISJ Dâmboviţa em parceria com o CCD Dambovita, ISJ Suceava, ISJ Alba, Reggio Children Italy e Mondo Consulting SRL[34] e visava as seguintes categorias de grupo-alvo: pessoal docente - 480 pessoas, pessoal docente e pessoal docente auxiliar com funções de gestão, acompanhamento, avaliação e controlo na educação - 1.508 pessoas. No âmbito do projeto, os membros do grupo-alvo participaram em cursos de formação, foram criados centros-piloto e foram realizados intercâmbios de experiências em Itália.

O projeto estratégico **"Profissionalização da carreira docente - novas competências para mudanças stakeholders na educação nos condados de Dâmboviţa e Buzău"** com valor total de 18.762.456,00 lei (cerca de 4.414.695.00 euros) foi implementado pelo ISJ Dâmboviţa em parceria com o ISJ Buzău, CCD Dâmboviţa, CCD Buzău, Universidade "Valahia" em Târgovişte[35] e destinou-se a um número total de 2.616 docentes. Após o seu envolvimento no projeto, o pessoal docente beneficiou de um pacote de formação de 4 módulos: Formação de competências TIC tipo ECDL, Elaboração e implementação do currículo centrado nas competências, gestão da sala de aula - gestão de crises, métodos interactivos de ensino-aprendizagem.

O projeto estratégico **"Escola romena - área inclusiva"** com um valor total de 14.488.861,80 lei (cerca de 3.410.00,00 euros) foi implementado pelo ISJ Dâmboviţa em parceria com o ISJ Arad, ISJ Botosani, SC Europrojects Experts Group[36] e destinou-se às seguintes categorias de grupo-alvo: 1.522 docentes e 106 docentes e pessoal auxiliar com cargos de gestão, monitorização, avaliação e controlo (grupo-alvo total - 1.628 pessoas). No âmbito do projeto foi desenvolvido e implementado um programa de formação contínua, uma aplicação informática destinada a melhorar as competências do pessoal docente, um estudo de caso divulgado.

O projeto estratégico **"Formação contínua de professores de História e Geografia na sociedade do conhecimento"** com um valor total de 18.435.335,00 lei (cerca de 4.337.725.00 euros) foi implementado pela Universidade Valahia em Târgovişte em parceria com a Universidade "Constantin

33 www.edutic.ssai.valahia.ro
34 www.isi-db.ro
35 www.foredu.ro
36 www.egalitateindiversitate.ro

Brâncuşi" Târgu Jiu, SIVECO Romania SA, Centro de Desenvolvimento e Inovação na Educação (TEHNE)[37] e foi destinado às seguintes categorias de grupo-alvo: pessoal docente - 5.150 pessoas, jovens licenciados com menos de 35 anos iniciantes na carreira docente - 613 pessoas. Após a participação nas actividades do projeto, o pessoal docente beneficiou de formação em dois módulos acreditados: competências curriculares e desenvolvimento profissional contínuo na componente de formação diferenciada dos alunos, foi criado um centro virtual de recursos e participou em conferências nacionais.

O projeto estratégico **"Rede de formação contínua do pessoal docente para a utilização de muti media, instrumentos virtuais e web 2.0 na área curricular de Matemática e Ciências da Natureza (ProWeb)"** com um valor total de 5.845.359,05 lei (cerca de 1.375.378. 00 euros) foi implementado pela Universidade Valahia em Târgovişte, em parceria com a Universidade Ovidius em Constança, a Universidade "Constantin Brâncuşi" em Târgu Jiu, a Universidade "Lucian Blaga" em Sibiu, a Universidade "Ştefan cel Mare" em Suceava[38] e destinou-se a um número total de 850 docentes. Após o envolvimento nas actividades do projeto, o grupo-alvo beneficiou de programas de formação profissional, com quatro tutoriais para aplicações práticas disponíveis em linha, um portal de informação inovador, workshops e uma rede virtual destinada a melhorar a qualidade da atividade de formação.

No município de **Prahova** foram implementados dois projectos (um projeto de subvenção e um projeto estratégico) com um valor total de 4 048 092,00 lei (cerca de 952 492,00 euros). O projeto de subvenção **"Formação de pessoal docente em áreas científicas e tecnológicas através de um programa de mestrado adequado à sociedade do conhecimento"** com um valor total de 1.849.912,00 lei (cerca de 435.275,0 euros) foi implementado pela Universidade de Petróleo e Gases em Ploieşti em parceria com a Universidade Tecnológica de Delft.[39] O grupo-alvo era representado por: pessoal docente - 240 pessoas, formadores - 10 pessoas, jovens licenciados com menos de 35 anos iniciantes na carreira docente - 20 pessoas, pessoal envolvido no desenvolvimento e gestão de programas de formação contínua - 50 pessoas, outras categorias de pessoal associadas às novas profissões na educação e formação profissional - 10 pessoas (grupo-alvo total - 330 pessoas). No âmbito do projeto, foi desenvolvido e implementado um currículo de formação inovador, para os dois anos de estudo do mestrado em ensino, correspondentes às disciplinas incluídas no programa de mestrado, foi elaborada uma plataforma de aprendizagem em linha.

O projeto estratégico **"*Programa de formação teórica e prática para formar e desenvolver as*"**

37 www.istorie-geografie.ro
38 www.proweb.ssai.valahia.ro
39 www.dse.upg-ploiesti.ro

competências do pessoal docente pré-universitário no domínio da física e das disciplinas técnicas""
com um valor total de 2.198.180,00 lei (cerca de 517.218,00 euros) foi implementado pela
Universidade de Petróleo e Gases Ploieşti em parceria com o CCD Prahova e a Universidade Técnica
Ghe. Asachi Technical University em Iaşi.[40] . O grupo-alvo do projeto era constituído por: pessoal
docente - 90 pessoas, pessoal docente auxiliar - 20 pessoas, jovens licenciados com menos de 35 anos
iniciantes na carreira docente - 20 pessoas (grupo total - 130 pessoas). Através da participação nas
actividades do projeto (cursos, simpósios, colaborações com escolas secundárias e grupos escolares,
etc.) o grupo-alvo adquiriu um capital de competências no domínio das TIC útil para planear e
organizar as actividades de ensino teóricas e aplicativas dentro das instituições a que pertence, com
o objetivo de aumentar a eficiência na formação educacional.

No município de **Teleorman**, foram implementados dois projectos (um de subvenção e outro
estratégico) com um valor total de 22.713.695,02 lei (cerca de 5.344.400,00 euros). O projeto de
subvenção **"Investimentos em recursos humanos através da formação ativa e contínua, fator de
sucesso para o desenvolvimento de uma carreira no ensino pré-universitário"**, com um valor
total de 1 791 700,00 lei (cerca de 421 577,00 euros), foi implementado pelo ISJ Teleorman em
parceria com o CCD Teleorman[41] e destinou-se a um grupo-alvo total de 686 docentes. Na sequência
da participação nas actividades do projeto, foram implementados 3 cursos de formação, foi elaborada
uma plataforma de e-learning e foi elaborado um estudo sobre a eficiência e a eficácia dos programas
de formação profissional.

O projeto estratégico **"Carreira de sucesso no ensino pré-universitário através da implementação
de programas de formação inovadores!"**, com um valor total de 20.921.995,02 lei (cerca de
4.922.823,00 euros), foi implementado pelo ISJ Teleorman em parceria com o ISJ Dolj, CCD
Teleorman, CCD Dolj, Associação de Amizade Romeno-francesa ROMFRA, SC Softwin SRL.[42] O
grupo-alvo do projeto foi representado por pessoal docente - 6.050 pessoas, jovens licenciados com
menos de 35 anos de idade, iniciantes na carreira docente - 904 pessoas, especialistas na criação de
materiais didácticos, testes e avaliação - 6 pessoas, formadores - 24 pessoas, especialistas em
elaboração/revisão de currículos - 6 pessoas (grupo-alvo total - 6.990 pessoas) que beneficiaram dos
cursos de formação sobre temas como gestão de salas de aula - gestão de crises, elaboração e
implementação de currículos baseados em competências, métodos interactivos de ensino-
aprendizagem e competências TIC de acordo com a norma ECDL.

Vemos que, no âmbito do **IFM 1.3 - Desenvolvimento de recursos humanos na educação e**

---

40 www.upg-ploiesti.ro
41 www.isj-tr.ro
42 www.tr-ecariera.ro

formação profissional, não foram implementados projetos nos condados de Călăraşi, Ialomiţa e Giurgiu, e para os condados em que foram implementados projetos, a distribuição, dependendo dos montantes atraídos, foi a seguinte:

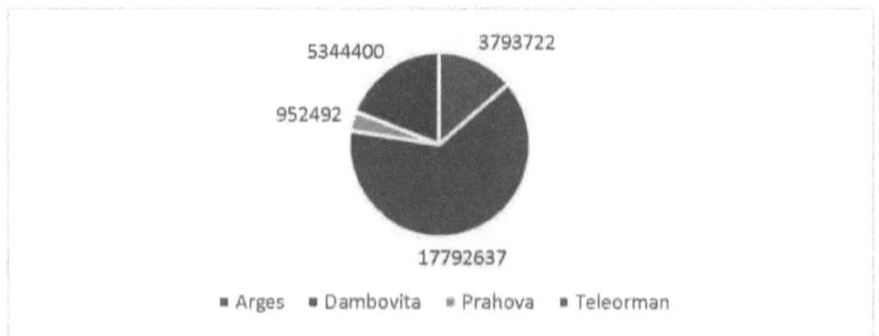

Figura 3.4 Montantes obtidos após a execução do projeto no âmbito do IFM 1.3

Na sequência da execução dos projectos financiados ao abrigo do POP DRH 2007-2013, no âmbito do IFM 1.3, 23 157 pessoas beneficiaram, sendo a distribuição por categorias de grupos-alvo a seguinte

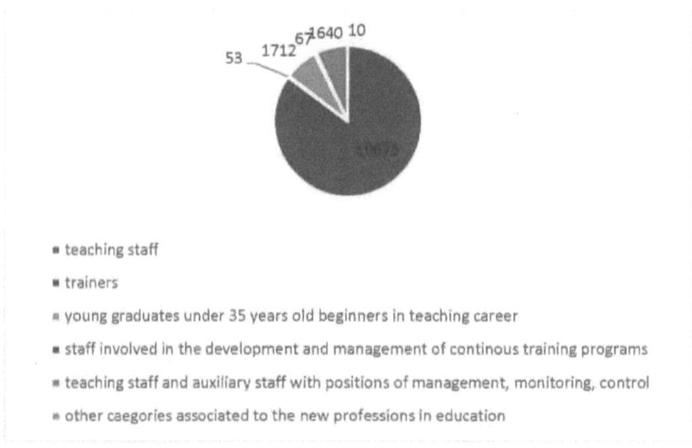

Figura 3.5 Categorias de grupos-alvo envolvidos na execução do projeto - IFM 1.3

No âmbito **<u>do grande domínio de intervenção 2.1</u> - Transição da escola para a vida ativa,** foram executados 15 projectos, com um valor total de 54.734.825,25 lei (cerca de 12.878.783,00 euros), dos quais 12 projectos de subvenção e 3 projectos estratégicos.

No **município de Arges,** foram implementados 3 projectos (2 projectos de subvenção e um projeto estratégico) com um valor total de 12 400 651,91 lei (cerca de 2 917 800,00 euros). O projeto de bolsa **"Estágios/prática - uma premissa de sucesso profissional"** com um valor total de 2.112.190,00 lei (cerca de 496.985,00 euros) foi implementado pela Universidade de Piteşti em parceria com a Associação dos Empresários Argeş[43] e destinou-se a um grupo-alvo de 500 estudantes. Após a participação nas actividades do projeto, foram realizadas actividades de prática, workshosp, orientação e aconselhamento.

O projeto de subvenção **"Prática - primeiro passo para a carreira"**, com um montante total de 1.476.190,50 lei (cerca de 347.338,00 euros), foi implementado pela Universidade de Piteşti. O projeto envolveu 250 estudantes, que desenvolveram a prática em empresas, beneficiaram de actividades de orientação e aconselhamento e trocaram experiências.

O projeto estratégico **"Aprender a ser empresário através de empresas de exercício"** com um valor total de 8.812.271,41 lei (cerca de 2.073.475,00 euros) foi implementado pela Escola Técnica de Câmpulung em parceria com a Escola Económica "Ion Ghica" de Târgovişte, a Escola "Anghel Saligny" de Tulcea, SC ArtSeven SRL, SC Inside Brand SRL, SC Consultanţă Profesională şi Recrutare Personal SRL.[44] Foram envolvidos no projeto 1.400 alunos que foram activados nas 140 empresas de exercício, uma parte dos alunos participou também em actividades de orientação e aconselhamento, foram organizadas feiras regionais para empresas.

No condado de **Călăraşi**, foi implementado um projeto de subvenção **"Path in career!"** com um valor total de 907.935,00 lei (cerca de 213.632,00 euros) cujo beneficiário foi a USAMV Bucareste - sucursal de Călăraşi em parceria com a Associação Consórcio de Extensão e Desenvolvimento Rural. O objetivo geral do projeto era: *"desenvolvimento de habilidades e formação de competências laborais de 220 alunos".*[45] O grupo-alvo do projeto era constituído por 220 estudantes que participaram em actividades como: visitas de estudo na zona agrícola de Oltenia, visita de estudo à Feira de Equipamentos e Tecnologias Agrícolas em Hanover, prática em empresas.

No município de **Dâmboviţa**, foram implementados 6 projectos (5 de subvenção e um estratégico) com um valor total de 15.874.40,05 lei (cerca de 3.735.172,00 euros). O projeto de subvenção **"Profissão - capital assegurado"** com um valor total de 235.000,00 lei (cerca de 55.295,00 euros) foi implementado pela Escola Industrial "Nicolae Ciorănescu" em Târgovişte em parceria com SC ROMSERVINVEST SRL, SC ARCTIC SA, SC GRUPCOM SRL[46] e destinou-se a um grupo-alvo total de 436 alunos que estiveram envolvidos em actividades específicas para empresas de exercício, beneficiaram de aconselhamento e orientação profissional, várias trocas de experiências.

O projeto de subvenção **"Qualidade - o caminho para a mudança"** com um valor total de

43 www.stagiidepractica-pitesti.ro
44 www.colegiultehnicag.info
45 www.managusamv.ro/calarasi
46 www.liceulcioranescu.ro

394.180,00 lei (cerca de 92.750.00 euros) foi implementado pela Escola "Voievodul Mircea" em Târgovişte em parceria com SC Erdemir România SRL, SC Compania de Apă Târgovişte SA, SC Termoserv Doiceşti SA[47] e foi destinado às seguintes categorias de grupo-alvo: pessoal envolvido na elaboração e aprovação do CDL - 41 pessoas e 180 alunos. Após a participação nas actividades do projeto, as pessoas receberam formação para a elaboração e aprovação de CDL, foram elaborados 4 novos suportes de cursos e 4 CDL, foi realizada prática/estágio, foram realizadas viagens de troca de experiências.

O projeto de subvenção **"Formação para o trabalho - formação para a vida"** com um valor total de 1.521.452,12 lei (cerca de 357.990,00 euros) foi implementado pela Escola "Voievodul Mircea" em Târgovişte em parceria com S.C. Erdemir România S.R.L. e S.C. Compania de Apă Târgovişte-Dâmboviţa S.A[48] e os beneficiários foram 175 alunos e 22 pessoas das empresas, com o papel de tutor. Após a implementação do projeto, foram elaborados e aprovados 3 CDLs; foram elaborados 3 suportes de curso para CLD3i; 3 auxiliares curriculares; 3 suportes de curso para a implementação da prática; 4 módulos para caderno de prática; 6 formação prática.

O projeto de subvenção **"COMPED/da escola competitiva à economia sustentável - técnicas inovadoras para aumentar a participação dos alunos do ensino secundário no mercado de trabalho"** com um valor total de 1.828.543,58 lei (cerca de 430.245.00 euros) foi implementado pela Associação Târgovişte to Europe em parceria com o Colégio Nacional Ienăchiţă Văcărescu em Târgovişte, Escola Secundária Tecnológica "Nicolae Ciorănescu" Târgovişte, Associação InoVitaVerde[49] e destinou-se a um grupo-alvo formado por 470 alunos. Na sequência da implementação do projeto, foram desenvolvidos instrumentos específicos de aconselhamento profissional, foi realizada a prática e tiveram lugar intercâmbios de boas práticas.

O projeto de subvenção **"ACCED / Diplomados competitivos para uma economia sustentável - técnicas inovadoras para melhorar a inversão do ensino secundário no mercado de trabalho"** com um valor total de 2.002.922,35 lei (cerca de 471.275,00 euros) foi implementado pela Associação Târgovişte to Europe em parceria com o Colégio Nacional "Nicolae Titulescu" em Pucioasa, a Escola Secundária Tecnológica de Pucioasa, a Associação InoVitaVerde[50] e destinou-se a um número total de 646 alunos. No âmbito do projeto, foram realizadas práticas, criadas empresas de exercício, desenvolvidas actividades de orientação e aconselhamento profissional.

O projeto estratégico **"Passo a passo para a vida ativa"**, com um valor total de 9.892.792,00 lei (cerca de 2.327.715 euros), foi implementado pelo ISJ Dâmboviţa em parceria com o CJRAE

---

[47] www.lvm-tgv.ro
[48] www.lvm-tgv.ro
[49] www.comped.ro
[50] www.atse.ro

Dâmbovița, o ISJ Olt, o Instituto Nacional de Investigação Científica no domínio do trabalho e da proteção social[51] e contou com a participação de 2.179 alunos. Após a implementação do projeto, foram formados operadores locais que aplicaram questionários, os alunos participaram num programa de aconselhamento profissional, foi elaborado um guia para a orientação da carreira dos alunos das turmas de licenciatura, foram elaborados relatórios de análise da inserção profissional dos alunos.

No concelho de **Ialomița**, foi implementado um projeto de subvenção **"Formação prática e aconselhamento profissional, oportunidades para uma carreira de sucesso"**, com o valor total de 1.164.950,00 lei (cerca de 274.105,00 euros), implementado pelo ISJ Ialomița em parceria com a SC SERVEL SRL Slobozia e o Patronato das Pequenas e Médias Empresas de Ialomița.[52] Os 430 alunos do grupo-alvo, participaram na prática a empresas dos concelhos de Ialomița, beneficiaram de horas de orientação e aconselhamento profissional, trocas de experiências.

Nos condados de **Prahova** foram implementados 3 projectos (2 projectos de subvenção e um estratégico) com um valor total de 22 216 106,69 lei (cerca de 5 227 319,00 euros). O projeto de subvenção **"Câmara de Comércio virtual dos alunos"** com um valor total de 243.139,00 lei (cerca de 57.210,00 euros) foi implementado pela "Victor Slăvescu" Administrative Services School em Ploiești, em parceria com a SC Resum Consulting SRL[53] , e 300 alunos participaram nas actividades específicas do projeto. Foi criada uma Câmara de Comércio virtual dos alunos, foram organizados seminários de orientação sobre a inserção no mercado de trabalho, foram organizados seminários para apresentar os conceitos de empresas de exercício e Câmara de Comércio virtual.

O projeto de subvenção **"PrakTIC-A: ligação da classe superior ao carEER"** com um valor total de 1.590.012,21 lei (cerca de 374.120,00 euros) foi implementado pela Universidade de Petróleo e Gases em Ploiești em parceria com a Softbyte Solution[54] . Estiveram envolvidos 150 estudantes, que beneficiaram de estágios em empresas, orientação profissional e horas de aconselhamento, trocas de experiências.

O projeto estratégico **"Competências para um mercado de trabalho competitivo no contexto europeu"**, com um valor total de 20.382.955,48 lei (cerca de 4.795.990,00 euros), foi implementado pelo ISJ Prahova em parceria com o ISMB, Softwin SRL, Albafor Spa Lazio, Itália[55] . Participaram nas actividades específicas do projeto 2 675 alunos, que beneficiaram de estágios, da aplicação de alguns métodos inovadores de aprendizagem através da criação de um sistema de informação concebido como uma plataforma.

51 www.isj-db.ro
52 www.isjialomita.ro
53 www.victorslavescu.ro
54 www.praktica.upg-ploiesti.ro
55 www.stagii.epractica.ro

No condado de **Teleorman**, foi implementado um projeto de subvenção "**Uma melhor adaptação através de aconselhamento e orientação**", com um valor total de 2 170 291,60 lei (cerca de 510 657,00 euros), cujo beneficiário foi a escola secundária teórica Al. I. Cuza Theoretical High School em Alexandria[56] , e 300 alunos participaram em estágios interactivos, beneficiaram de aconselhamento e orientação profissional, visitas de estudo e intercâmbio de boas práticas.

Em conclusão, no âmbito do **IFM 2.1 - Transição da escola para a vida ativa,** os projectos não foram executados no município de Giurgiu, e a distribuição dos montantes atraídos, por município, é a seguinte

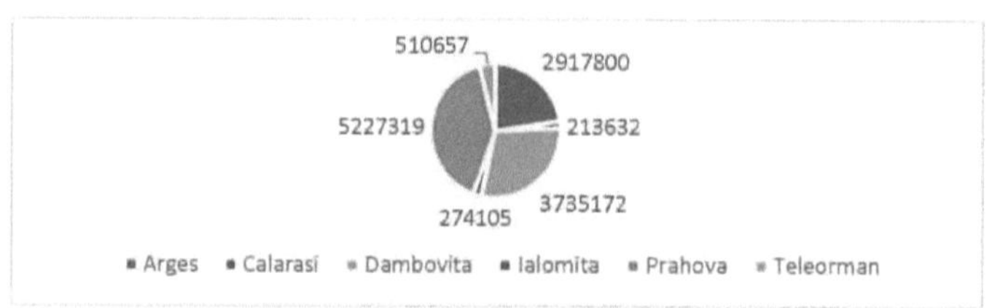

Figura 3.6 Montantes atingidos ao abrigo do IFM 2.1 na região do Sul do Montenegro

Na sequência da execução dos projectos financiados ao abrigo do SOPHRD 2007-2013, no âmbito do MFI 2.1, 10 374 pessoas beneficiaram, e a distribuição das categorias do grupo-alvo é a seguinte

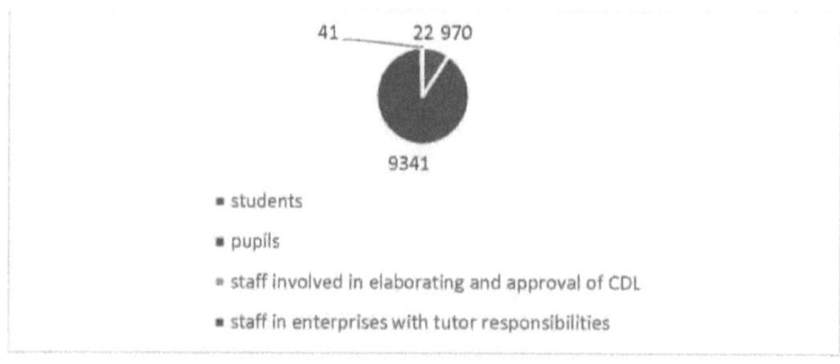

Figura 3.7 Categorias de grupos-alvo envolvidos na execução do projeto - IFM 2.1

No âmbito **do grande domínio de intervenção 2.2** - **Prevenção e correção do abandono escolar precoce,** foram executados 12 projectos, no valor total de 77.845.299,34 lei (cerca de 18.316.540,00 euros), dos quais 4 projectos de subvenção e 8 projectos estratégicos.

No município de **Arges**, foram implementados dois projectos de subvenção, com um valor total de 2 459 594,00 lei (cerca de 578 728,00 euros). O projeto de subvenção "**Estar presente e ativo na**

escola de portas abertas que o treina para uma futura participação num mercado de trabalho moderno, flexível e inclusivo", com um valor total de 618 044 lei (cerca de 145 422,00 euros), foi implementado pela Escola com I-VII classes Costeşti.[57] O grupo-alvo do projeto foi representado por alunos em risco de abandono escolar precoce - 176 pessoas, pais - 176 pessoas, pessoal envolvido no desenvolvimento da prevenção do fenómeno do abandono escolar precoce - 40 pessoas (grupo-alvo total - 392 pessoas). Na sequência da participação nas actividades do projeto, os membros do grupo-alvo beneficiaram de apoio diferenciado para a recuperação escolar, actividades do tipo "Escolas de pais", actividades para restaurar o equilíbrio biológico das crianças.

O projeto de subvenção **"Educação, a nossa oportunidade para um futuro melhor"**, com um valor total de 1.841.550,00 lei (cerca de 433.305,00 euros), foi implementado pela Câmara Municipal de Câmpulung, Argeş, em parceria com a comuna de Lereşti, a comuna de Bughea de Jos, a comuna de Dragoslavele, o CCD Argeş, a Agência Nacional para a População Rroma e a Associação PAKIV Roménia.[58] . O grupo-alvo do projeto foi representado por: alunos em risco de abandono escolar precoce - 128 pessoas, pais - 216 pessoas, pessoas que abandonaram a escola precocemente - 21 pessoas, pessoal envolvido no desenvolvimento e implementação de programas "A segunda oportunidade" - 18 pessoas, pessoal envolvido no desenvolvimento de programas para prevenir o fenómeno do abandono escolar precoce - 17 pessoas (grupo-alvo total - 400 pessoas). No âmbito do projeto, foram elaboradas estratégias locais para prevenir o abandono escolar precoce e combater o abandono escolar, foram desenvolvidos planos de ação locais, actividades específicas para remediar a educação, actividades do tipo "A segunda oportunidade", aconselhamento aos pais.

No **condado de Dâmboviţa,** foi implementado um projeto estratégico **"Escolas e comunidades em ação para prevenir o abandono escolar precoce"** com o valor total de 18.099.243,00 lei (cerca de 4.258.645.00 euros) cujo beneficiário foi ISJ Dâmboviţa em parceria com ISJ Ilfov, Association Komunitas, Association Shotron, CJRAE Dâmboviţa, CJRAE Ilfov, People Development Foundation - Dâmboviţa branch, ALBAFOR SPA, Itália.[59] O grupo-alvo do projeto foi representado por: alunos em risco de abandonar a escola precocemente - 1.881 pessoas, pessoal envolvido no desenvolvimento de programas para prevenir o fenómeno do abandono escolar - 469 pessoas, pais/tutores de crianças em risco de abandonar a escola precocemente - 545 pessoas (grupo-alvo total - 2.895 pessoas). Após a participação nas actividades específicas do projeto, os membros do grupo-alvo estiveram envolvidos em visitas de estudo em Itália, sessões de formação, portal em linha, actividades do tipo Escola depois da escola, workshops de verão, aconselhamento para alunos e pais, viagens e

[57] www.isjarges.ro
[58] www.primariacampulung.ro
[59] www.isi-db.ro

acampamentos escolares.

No **município de Giurgiu,** foram implementados dois projectos estratégicos com um valor total de 7 164 586,61 lei (cerca de 1 685 785,00 euros). O projeto estratégico **"Eu quero mais, eu posso mais!"** com um valor total de 1.691.900,00 lei (cerca de 398.095,00 euros) foi implementado pela Escola com classes I-VIII Grădinari, Giurgiu em parceria com a Câmara Municipal de Grădinari e a Associação "Rrom Grand".[60] O grupo-alvo do projeto foi representado por: pessoas que abandonaram precocemente a escola - 22, pessoas que não concluíram a escolaridade obrigatória - 88, pessoal envolvido no desenvolvimento de programas para prevenir o fenómeno do abandono escolar precoce - 24 (grupo-alvo total - 134 pessoas). No âmbito do projeto foram implementadas actividades como: serviços do tipo segunda oportunidade e aconselhamento, campanhas de sensibilização.

O projeto estratégico **"A escola é a minha oportunidade - prevenção e correção do abandono escolar precoce"** com um valor total de 5.472.686,61 lei (cerca de 1.287.690,00 euros) foi implementado pela Escola Secundária no. 1 Ghimpați, Giurgiu, em parceria com a Escola Secundária Vidra.[61] O grupo-alvo do projeto era representado por: alunos em risco de abandono escolar precoce - 455 pessoas, pais - 200 pessoas, pessoas que abandonaram a escola precocemente - 61, pessoas que não concluíram a escolaridade obrigatória - 139, crianças em idade pré-escolar - 145 (grupo-alvo total - 1.000 pessoas). No âmbito do projeto, foram realizadas visitas, intercâmbio/transferência de boas práticas, actividades de aconselhamento para todos os membros do grupo-alvo, actividades do tipo Escola depois da escola e segunda oportunidade.

No **condado de Ialomița,** foi implementado um projeto de subvenção **"Juntos pelas nossas crianças"** com um valor total de 1.073.890,00 lei (cerca de 252.680,00 euros) cujo beneficiário foi o Grupo Escolar da Indústria Alimentar Fetești.[62] O grupo-alvo do projeto era constituído por: alunos em risco de abandono escolar precoce - 30 pessoas, pais - 45 pessoas, pré-escolares - 15 pessoas, pessoal envolvido no desenvolvimento de programas de prevenção do fenómeno do abandono escolar - 18 pessoas (grupo-alvo total - 108 pessoas). No âmbito do projeto, foram realizadas campanhas de sensibilização, workshops e actividades do tipo "escola depois da escola".

No município de **Prahova**, foram executados 4 projectos (uma subvenção e 3 projectos estratégicos) com um valor total de 32 419 509,33 lei (cerca de 7 628 812,00 euros). O projeto de subvenção **"Educação: caminho para uma vida melhor"**, com um valor total de 1.848.125,00 lei (cerca de 434.853,00 euros), foi implementado pela Câmara Municipal de Mizil.[63] O grupo-alvo do projeto foi representado por alunos em risco de abandono escolar precoce - 120 pessoas, pais - 120 pessoas,

60 www.isjgiurgiu.ro
61 www.scoalaestesansamea.ro
62 www.ltindalimfetesti.ro
63 www.primaria-mizil.ro

pessoal envolvido no desenvolvimento de programas de prevenção do fenómeno do abandono escolar precoce - 10 pessoas, pessoal envolvido no desenvolvimento de programas do tipo "segunda oportunidade" - 10 pessoas, pessoas que abandonaram a escola precocemente - 15 pessoas (grupo-alvo total - 275 pessoas). No âmbito do projeto, os membros do grupo-alvo participaram em actividades do tipo "A segunda oportunidade", actividades de educação corretiva, sessões de aconselhamento, intercâmbios de experiências.

O projeto estratégico **"Vamos descobrir a escola"**, no valor total de 15.032.518,00 lei (cerca de 3.537.063,00 euros), foi implementado pela Associação C4C - Comunicação para a Comunidade, em parceria com o Conselho Municipal de Dâmbovița.[64] O grupo-alvo do projeto era representado por: alunos em risco de abandono escolar precoce - 2.400 pessoas, pais - 2.400 pessoas, pessoal envolvido no desenvolvimento de programas para prevenir o fenómeno do abandono escolar - 400 pessoas (grupo-alvo total - 5.200 pessoas). Na sequência da implementação do projeto, foram organizados vários workshops, campos de férias, workshops, cursos para mediadores e actividades de educação para a resolução de problemas.

O projeto estratégico **"Inclusão e coesão social através de métodos alternativos na educação"** com um valor total de 8.680.261,33 lei (cerca de 2.042.415,00 euros) foi implementado pelo ISJ Prahova em parceria com o ISJ Suceava, Siveco Romania SA, SC Media One SRL e Tecseo SRL.[65] . O grupo-alvo do projeto era constituído por: alunos em risco de abandono escolar precoce - 170 pessoas, pais - 80 pessoas, pessoas que abandonaram a escola precocemente - 143, pessoas que não concluíram a escolaridade obrigatória - 289, pessoal envolvido no desenvolvimento e implementação de programas educativos do tipo "a segunda oportunidade" - 40, pessoal envolvido no desenvolvimento de programas para prevenir o fenómeno do abandono escolar - 40 (grupo-alvo total - 762 pessoas). No âmbito do projeto foram criados 4 centros educativos, nos quais foi ministrado o programa "a segunda oportunidade" e também actividades de educação corretiva.

O projeto estratégico **"Todos (os jovens e os idosos) de volta à escola"**, com um valor total de 6 858 605,00 lei (cerca de 1 613 790,00 euros), foi implementado pela Associação C4C -

Comunicação para a Comunidade em parceria com ISJ Gorj, ISJ Călărași, ISJ Prahova.[66] O grupo-alvo do projeto era constituído por: alunos em risco de abandono escolar precoce -175, pais - 196, pessoas que abandonaram a escola precocemente - 402, pessoal envolvido no desenvolvimento e implementação de programas educativos do tipo "a segunda oportunidade" - 63, crianças em idade pré-escolar - 25 (grupo-alvo total - 861 pessoas). No âmbito do projeto, o pessoal docente recebeu

64 www.c4c.ro
65 www.isjph.ro
66 www.c4c.ro

formação, participou nas actividades específicas, foram elaborados suportes de cursos, actividades do tipo "A segunda oportunidade" e "Escola de recuperação", campanhas de sensibilização.

No município de **Teleorman**, foram implementados dois programas estratégicos, com um valor total de 16.628.476,40 lei (cerca de 3.912.582,00 euros). O projeto estratégico "**Prevenção do abandono escolar e oferta de uma segunda oportunidade para aqueles que abandonaram a escola precocemente**", com um valor total de 8 612 456,40 lei (cerca de 2 026 460,00 euros), foi implementado pelo ISJ Teleorman em parceria com a SC SIVECO SA, Associação ROMFRA Alexandria.[67] O grupo-alvo do projeto era representado por: alunos em risco de abandono escolar precoce - 331, pais - 77, pessoas que abandonaram a escola precocemente - 418, pessoal envolvido no desenvolvimento e implementação de programas de prevenção do abandono escolar precoce - 157 (grupo-alvo total - 983 pessoas). No âmbito do projeto, os membros do grupo-alvo beneficiaram de serviços de orientação e aconselhamento, do programa Escola diferente, do programa A segunda oportunidade e de actividades desenvolvidas numa plataforma interactiva.

O projeto estratégico "**As crianças Rroma regressam à escola - a prevenção do abandono escolar é feita no jardim de infância**" com um valor total de 8.016.020,00 lei (cerca de 1.886.122.00 euros) foi implementado pela Associação Catalactica, filial de Teleorman em parceria com a filial de Iaşi da Fundação Holt Romania, Fundação Echoshoc, filial de Bârnova[68] e foi destinado às seguintes categorias de grupo-alvo: pessoas que não concluíram o ensino obrigatório - 310, pessoas que abandonaram a escola precocemente - 67, pré-escolares - 156, pessoal envolvido no desenvolvimento de programas para prevenir o fenómeno do abandono escolar - 16, pais - 156 pessoas (total de 705 pessoas). No âmbito do projeto, foram desenvolvidas actividades do tipo educação corretiva, serviços de orientação e aconselhamento, assistência educativa.

Em suma, no âmbito do IFM 2.2 - **Prevenção e correção do abandono escolar precoce,** os projetos não foram implementados no município de Călăraşi, e a distribuição dos montantes atraídos, por município, é a seguinte:

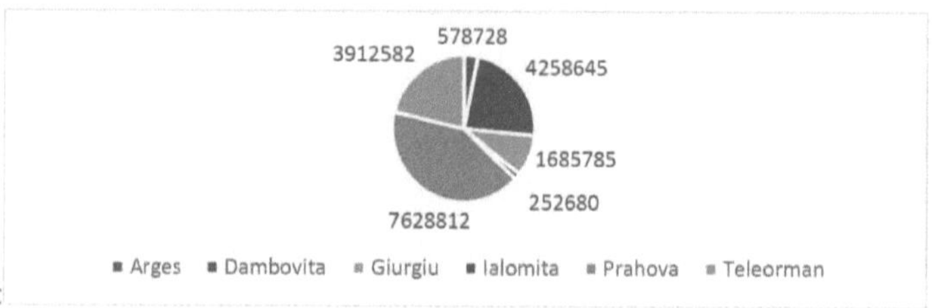

---

67 www.isjtr.ro
68 www.catalactica.ro

Figure 3.8   Montantes mobilizados ao abrigo da IFM 2.2 na região do Sul da Munténia

Na sequência da execução dos projectos financiados ao abrigo do SOPHRD 2007-2013, no âmbito do MFI 2.2, 13 275 pessoas beneficiaram, sendo a distribuição por categorias de grupos-alvo a seguinte

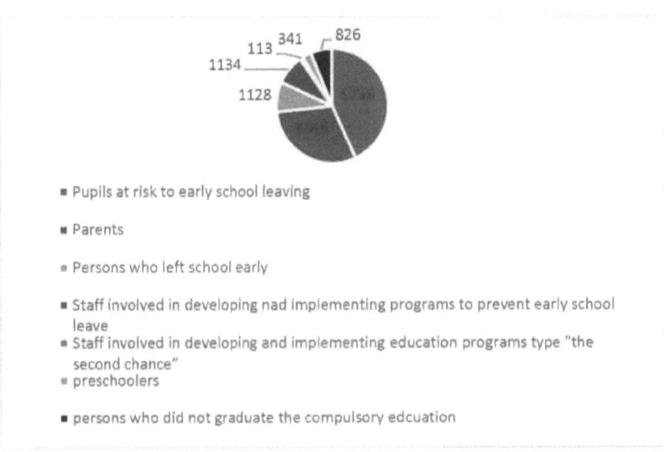

Figure 3.9   Categorias de grupos-alvo na execução do projeto - IFM 2.2

Em conclusão, no sector do ensino pré-universitário, foram implementados projectos em todos os municípios da região do Sul do Muntenia, e 83 633 pessoas beneficiaram das actividades implementadas no âmbito destes projectos.

3.3 Projectos implementados na região do Sul da Munténia ao nível do ensino universitário

No âmbito do SOPHRD 2007-2013 no sector do ensino universitário, foram implementados 9 projectos, com um valor total de 73 536 535,99 lei (cerca de 17 302 715,00 euros). No sector do ensino universitário, os projectos foram financiados no âmbito do grande domínio de intervenção *1.2 - Qualidade do ensino superior* e no âmbito do IFM *1.5 - Programas de doutoramento e não doutoramento para apoio à investigação*. A distribuição dos montantes relativos aos projectos executados em domínios de intervenção específicos do ensino universitário é a seguinte

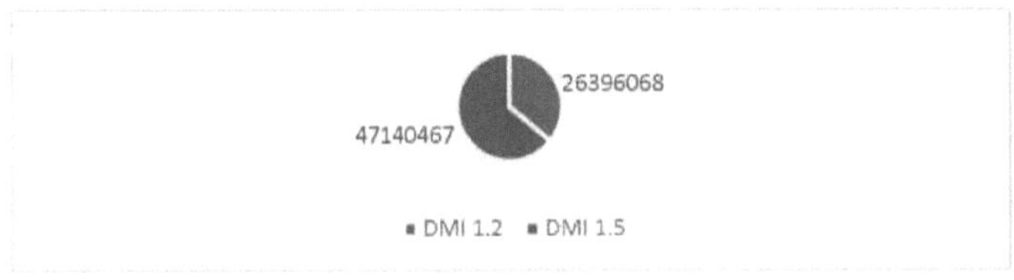

Figure 3.10 - Projectos realizados nos grandes domínios de intervenção específicos do ensino universitário

No âmbito do grande domínio de intervenção **1.2 - Qualidade no ensino superior,** foram implementados 4 projectos estratégicos, no valor total de 26.396.068,04 lei (cerca de 6.210.840,00 euros).

No concelho de **Arges,** foi implementado um projeto estratégico com um valor total de 2.042.337,40 lei (cerca de 480.550,00 euros), respetivamente o projeto "**Adaptação dos programas de estudo universitários ao Quadro Nacional de Qualificações do Ensino Superior para melhorar a oferta educativa, criação e implementação de alguns instrumentos de informação específicos para assegurar a extensão das oportunidades de aprendizagem e a interação com o sector empresarial (NOVA-CURRICULA)"** cujo beneficiário foi a Universidade de Piteşti em parceria com a RED POINT SA.[69] Os membros do grupo-alvo (400 estudantes, 15 membros das estruturas de gestão das universidades e faculdades, 20 pessoas envolvidas no desenvolvimento de programas de estudo universitários, 20 pessoas envolvidas no desenvolvimento e gestão de qualificações ao nível da faculdade/universidade, 10 representantes do sector empresarial - total de 465 pessoas) beneficiaram de sessões de formação, foram elaboradas novas propostas curriculares, foram desenvolvidas actividades em plataformas em linha, foram organizadas actividades do tipo "Dias de Carreira".

No condado de **Dâmboviţa** foi implementado um projeto estratégico "**Novas competências para a utilização de aplicações multimédia, web 2.0 e instrumentos virtuais - uma garantia da qualidade das qualificações universitárias (EDUWEB)"** com um valor total de 1.232.639,34 lei (cerca de 290.033,00 euros) cujo beneficiário foi a Universidade Valahia em Târgovişte"[70] e foi destinado a um grupo-alvo de 300 estudantes. No âmbito do projeto, foi elaborado um novo programa de licenciatura no domínio da Engenharia de Sistemas, foi criada uma plataforma Moodle e foram realizadas campanhas de informação.

No município de **Prahova**, foram implementados dois projectos estratégicos no valor total de 23 121 091,30 lei (cerca de 5 440 257,00 euros). O projeto estratégico "**Formação do pessoal universitário e dos estudantes para a utilização de instrumentos de informação modernos no domínio da gestão universitária**", com um valor total de 20 852 691 30 lei (cerca de 4 613 427,00 euros), foi implementado pela Universidade de Petróleo e Gases de Ploieşti em parceria com a Universidade Politécnica de Bucareste, a Universidade de Bucareste, a Universidade Lucian Blaga de Sibiu, a Universidade Valahia de Târgovişte, a Universidade Al. I. Cuza University em Iaşi, Dunărea de Jos University em Galaţi, The RED POINT SA[71] e foi destinado às seguintes categorias de grupo-alvo:

69 www.novacurricula.upit.ro
70 www.eduweb.ssai.valahia.ro
71 www.informatica.upg-ploiesti.ro

membros das comissões para garantir a qualidade a nível universitário/faculdade - 70, membros das comissões/estruturas de gestão em universidades e faculdades - 35, pessoal envolvido no desenvolvimento e gestão de qualificações a nível universitário/faculdade - 70, estudantes - 700, pessoal envolvido no desenvolvimento de programas de estudo universitário - 35 (grupo-alvo total - 910 pessoas). No âmbito do projeto, foram desenvolvidas actividades tais como: desenvolvimento do currículo, extensão da utilização das TIC nas actividades de ensino, fornecimento de programas de formação para os membros do grupo-alvo, implementação de alguns sistemas de avaliação interactiva.

O projeto **"Desenvolvimento da qualidade académica ao nível do sistema, com base na conceção e implementação de um sistema de informação para a gestão da experiência e acesso à informação no contexto da promoção universitária inovadora"** com um valor total de 2.268.400,00 lei (cerca de 533.742,00 euros) foi implementado pela Universidade de Petróleo e Gases em Ploieşti em parceria com a Universidade "Vasile Alecsandri" em Bacău[72] . O grupo-alvo foi representado por: membros das comissões para garantir a qualidade ao nível da universidade/faculdade - 40, membros das comissões/estruturas de gestão em universidades e faculdades - 20, pessoal com cargos de gestão, monitorização, avaliação e controlo no ensino superior - 3, pessoal envolvido no desenvolvimento e gestão de qualificações ao nível da universidade/faculdade - 20, estudantes - 159, pessoal envolvido no desenvolvimento de programas de estudo universitários - 20, pessoal dos membros dos comités sectoriais - 2, membros dos parceiros sociais na educação - 10. No âmbito do projeto, foi criado e implementado um sistema de informação para a gestão da experiência e o acesso à informação no domínio da engenharia mecânica.

Em conclusão, no âmbito do IFM 1.2 - Qualidade do ensino superior, foram executados projectos em todas as universidades da região da Munténia Meridional, sendo a distribuição dos montantes captados, por universidades, a seguinte

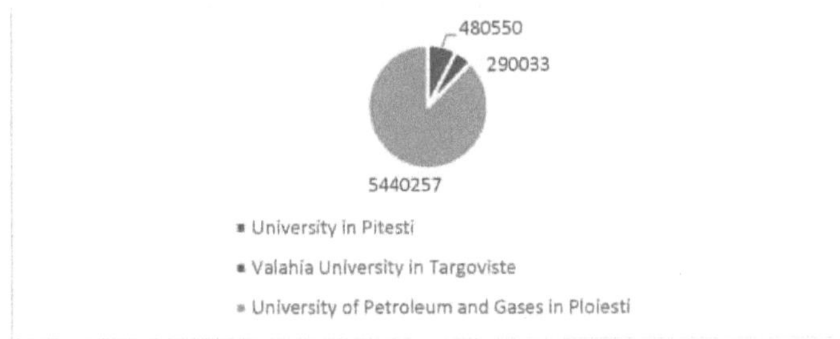

72 www.tfmi.upg-ploiesti.ro

Figure 3.11   Montantes mobilizados ao abrigo do IFM 1.2 na região do Sul do Montenegro

Na sequência da execução dos projectos financiados ao abrigo do SOPHRD 2007-2013, no âmbito do IFM 1.2, beneficiaram 1 949 pessoas, sendo a distribuição por categorias de grupos-alvo a seguinte

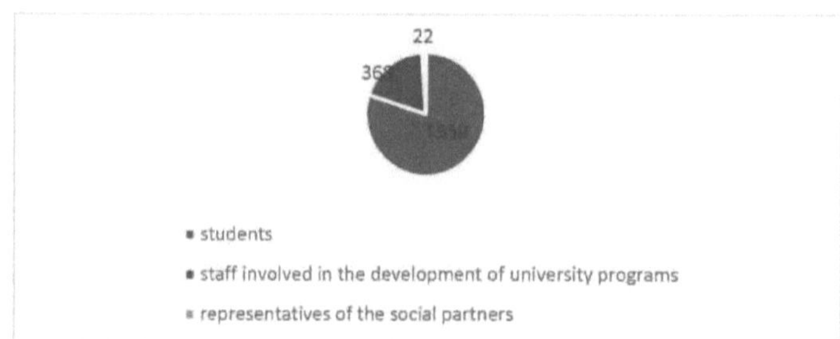

Figura 3.12 Categorias de grupos-alvo envolvidos na execução do projeto - IFM 1.2

No âmbito do grande domínio de intervenção **1.5 - Programas de doutoramento e pós-doutoramento de apoio à investigação,** foram implementados 5 projectos estratégicos, no valor total de 47.140.467,95 (cerca de 11.091.875,00 euros).

No **município de Dâmbovița,** foram implementados 4 projectos estratégicos com um valor total de 41 089 83,95 lei (cerca de 9 668 043,00 euros). O projeto **"Oportunidades para estudos de doutoramento e aumento da capacidade e motivação para a realização de investigação científica",** com um valor total de 6.513.812,00 lei (cerca de 1.532.662,00 euros), foi implementado pela Universidade de Valahia em Târgoviște[73] e visava a concessão de bolsas de estudo, a realização de estágios de investigação no país e no estrangeiro para um grupo-alvo total de 60 estudantes de doutoramento.

O projeto **"Bolsas de doutoramento, premissa para aumentar a competitividade e as competências na investigação científica",** com um valor total de 11 729 643,00 lei (2 759 916,00 euros), foi implementado pela Universidade de Valahia em Târgoviște em parceria com a Universidade "1 decembrie 1918" em Alba Iulia e teve como objetivo a concessão de bolsas de doutoramento, a realização de estágios de investigação no país e no estrangeiro e o intercâmbio de boas práticas para 80 estudantes de doutoramento.

O projeto **"Formação de doutoramento de excelência para a sociedade do conhecimento - PREDEX",** com um valor total de 20 025 080,00 lei (cerca de 4 711 785,00 euros), foi implementado pela Universidade de Valahia em Târgoviște em parceria com a Universidade 1 Decembrie 1918 em

---

73 www.valahia.ro

Alba Iulia[74] destinou-se a um número de 80 estudantes de doutoramento que foram apoiados durante 3 anos para a investigação científica através da concessão de bolsas de estudo, apoio financeiro para a participação em conferências nacionais e internacionais, realização de estágios de investigação no país e no estrangeiro.

O projeto **"Doutoramento europeu de alta qualidade - EURODOC"**, com um valor total de 2 820 648,95 lei (cerca de 663 683,00 euros), foi implementado pela Universidade de Valahia, em Târgovişte, em parceria com a Universidade de 1 de dezembro de 1918, em Alba Iulia, e a Universidade Ştefan cel Mare, em Suceava. No âmbito deste projeto, 55 estudantes de doutoramento beneficiaram de apoio financeiro, material e logístico para melhorar as suas competências de investigação e comunicação.

No **condado de Prahova,** foi implementado um projeto estratégico **"Investigadores para o desenvolvimento sustentável da sociedade romena"**[75] com um valor total de 6.051.284,00 lei (cerca de 1.423.832,00 euros) cujo beneficiário foi a Universidade de Petróleo e Gases em Ploieşti em parceria com a Universidade Nord em Baia Mare e a Universidade em Petroşani. No âmbito deste projeto, 31 estudantes de doutoramento beneficiaram de apoio material para a realização de estágios de investigação transnacionais, foram oferecidas bolsas de estudo e realizaram-se intercâmbios de experiências.

Verificamos que no âmbito do IFM 1.5 - **Programas de doutoramento e pós-doutoramento para apoio à investigação,** os projectos não foram implementados na Universidade de Piteşti, e a distribuição dos montantes atraídos, pelas universidades beneficiárias, é a seguinte

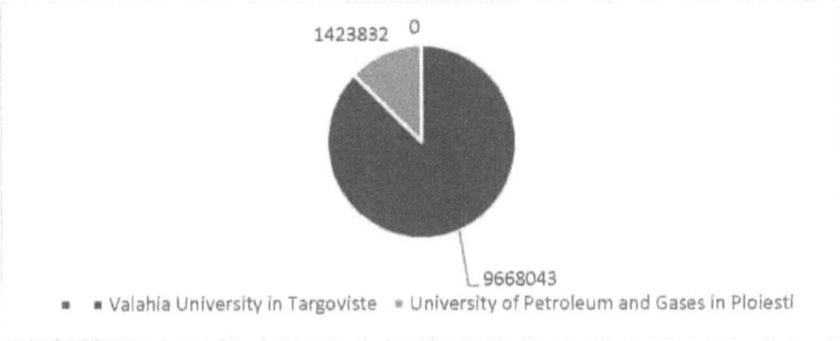

Figura 3.13 Montantes captados ao abrigo do IFM 1.5 na região do Sul do Montenegro

Na sequência da execução dos projectos financiados ao abrigo do SOPHRD 2007-2013, no âmbito do MFI 1.5, 306 estudantes de doutoramento beneficiaram de.

---

[74] www.valahia.ro
[75] www.upg-ploiesti.ro

Em conclusão, no sector do ensino universitário, foram implementados projectos nos 3 centros universitários da região do Sul da Munténia e 2 255 pessoas beneficiaram das actividades implementadas no âmbito destes projectos.

3.4 Estudo de caso: Impacto da execução dos projectos financiados, no sector da educação, no âmbito do SOPHRD 2007-2013 no desenvolvimento comunitário na região do Sul da Munténia

A fim de analisar a eficiência e a eficácia da utilização dos fundos europeus atribuídos através do SOP DRH 2007-2013, foi elaborado um questionário no sector do ensino pré-universitário e universitário, que foi enviado por via eletrónica aos 60 beneficiários de projectos financiados no sector da educação na região do Sul da Munténia.

Com a aplicação do questionário, pretendemos identificar o impacto dos projectos nos beneficiários diretos (para o qual solicitámos uma breve descrição do impacto dos projectos, tal como pode ser percebido no dia a dia, bem como a expressão do grau de satisfação, assinalando-o), as melhores práticas/histórias de sucesso (para as quais solicitámos a apresentação de um exemplo de "história de sucesso"), bem como as principais dificuldades encontradas na execução do projeto (para as quais solicitámos uma breve descrição e a identificação das principais dificuldades, assinalando itens predefinidos).

Questionário sobre o impacto da execução dos projectos financiados no sector da educação, no âmbito do SOPHRD 2007-2013, no desenvolvimento das comunidades da região do Sul da Munténia

Impacto dos resultados do projeto

1 Como descreve o impacto dos projectos nos beneficiários (instituições, organizações, pessoal, alunos, etc.), tal como é percetível no dia a dia? Descreva até 3 campos concretos com efeito/impacto pela sua intensidade.

2 Como é que estima o impacto dos resultados do seu projeto em relação às necessidades inicialmente identificadas para o grupo-alvo?

a)muito bom

b) bom

c)satisfatório

d) sem impacto.

Melhores práticas

3 Forneça um exemplo de "história de sucesso" ou de boas práticas. Explique por que razão

considera que o exemplo fornecido pode ser incluído na categoria de melhores práticas na execução de um projeto.

Dificuldades encontradas na execução do projeto

4   Quais foram as principais dificuldades com que se deparou na execução de um projeto?

5   As principais dificuldades identificadas na execução do projeto foram, principalmente

a)   financeiro

b)   técnica (dificuldades em selecionar o grupo-alvo, em desenvolver actividades de acordo com o calendário proposto)

c) devido a um mal-entendido no âmbito da parceria criada pelo projeto d) não aplicável

Do tratamento da informação obtida a partir da análise dos 42 questionários, resultou o seguinte aspeto, que apresentamos de seguida.

No que se refere ao **impacto dos resultados do projeto nos beneficiários**, os inquiridos descreveram, em geral, que as actividades do projeto tiveram um impacto direto nos membros do grupo-alvo.

Os beneficiários do projeto no sector do ensino <u>pré-universitário</u> consideraram que foi atribuído um papel importante à prestação de apoio financeiro e material aos membros do grupo-alvo, constituído principalmente por alunos ou pessoas que abandonaram a escola, no sentido de poderem continuar/retomar os estudos para aumentar as oportunidades de emprego no mercado de trabalho. Como resultado da sua participação nas actividades do projeto, os membros do grupo-alvo tiveram a oportunidade de participar em vários intercâmbios de experiências no país e mesmo no estrangeiro, uma atividade que não teria sido possível sem o apoio do projeto, dado que os membros do grupo-alvo no sector pré-universitário pertencem a comunidades desfavorecidas.

Por outro lado, o pessoal docente envolvido como grupo-alvo nos projectos analisados apreciou positivamente o seu envolvimento no projeto pelo facto de ter beneficiado de cursos de formação específicos que os ajudaram a adquirir novas competências em técnicas de trabalho específicas com os membros do grupo-alvo das comunidades desfavorecidas em risco de abandono escolar ou pessoas que já abandonaram o sistema educativo.

Os beneficiários do projeto no ensino <u>universitário</u>, respetivamente os estudantes, apreciaram positivamente o papel dos projectos na formação científica, especialmente através da concessão de bolsas de estudo para aumentar a sua participação em actividades de investigação científica, em simpósios nacionais e internacionais, através da participação em estágios de investigação no país e no estrangeiro, actividades que não poderiam ter sido realizadas sem o apoio logístico e material fornecido no âmbito do projeto.

O pessoal académico envolvido na execução do projeto como grupo-alvo melhorou as suas competências, desenvolveu novos currículos adaptados ao mercado de trabalho, participou em vários simpósios e eventos científicos e beneficiou de intercâmbios de experiências a nível nacional e transnacional.

No que se refere à forma como os inquiridos apreciaram o impacto dos resultados do projeto em relação às necessidades inicialmente identificadas para o grupo-alvo, a situação é a seguinte

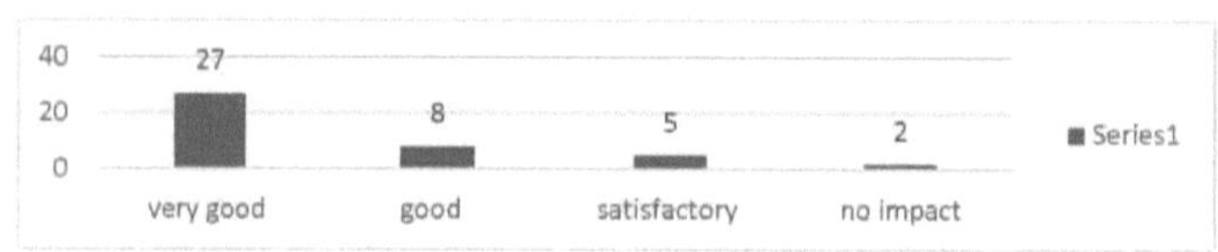

Figura 3.14 Impacto dos resultados do projeto em relação às necessidades iniciais do grupo-alvo

No que diz respeito aos exemplos de **boas práticas/"histórias de sucesso"** identificadas nos projectos implementados pelos beneficiários inquiridos, apresentamos brevemente vários exemplos descritos no questionário:

A- Elaboração e distribuição de um *Guia de boas práticas elaborado com base nos estudos de caso realizados em jardins-de-infância com crianças de Itália, Suécia, Espanha e Roménia,* que apresenta uma análise comparativa da educação pré-escolar dos quatro países;

A- Campanhas anuais de angariação de fundos (como a *Festa da Árvore de Natal),* organização de espectáculos de beneficência para fornecer apoio material e logístico para encorajar as crianças a participar / regressar ao sistema educativo;

A- Implementação do *programa de formação - da necessidade à eficácia* que foi elaborado com base numa análise individual das necessidades de formação, na elaboração por cada formando de um plano de desenvolvimento profissional personalizado, no desenvolvimento de actividades de formação com ênfase na prática real e em estudos de casos concretos,

A- Aplicação do sistema **"blended-learning"** através da utilização de plataformas electrónicas, através das quais existe a possibilidade de contacto permanente formador - formando, mas também formador e formando, para que cada formando possa regular a sua própria atividade de formação contínua e beneficiar das melhores práticas dos colegas;

A- Participação na **Feira de Máquinas e Equipamentos Agrícolas na Alemanha - AGRITEHNICA 2015** através da qual os alunos participantes alargaram os seus horizontes e melhoraram as suas competências, beneficiaram de um complexo intercâmbio de experiências onde tiveram a oportunidade de observar/testar várias tecnologias modernas utilizadas em todo o mundo para melhorar a qualidade dos produtos agrícolas.

No que se refere às **dificuldades encontradas na execução dos projectos**, os inquiridos mencionaram aspectos como as frequentes alterações legislativas, problemas em assegurar o fluxo financeiro, grandes atrasos no reembolso dos montantes já gastos a partir dos fundos próprios das instituições beneficiárias, falta de comunicação/aconselhamento por parte da entidade adjudicante, atrair e manter o grupo-alvo no sistema de ensino pré-universitário (especialmente no caso da população cigana).

A classificação das principais dificuldades identificadas pelos beneficiários na execução do projeto, de acordo com as opções dos inquiridos, é a seguinte

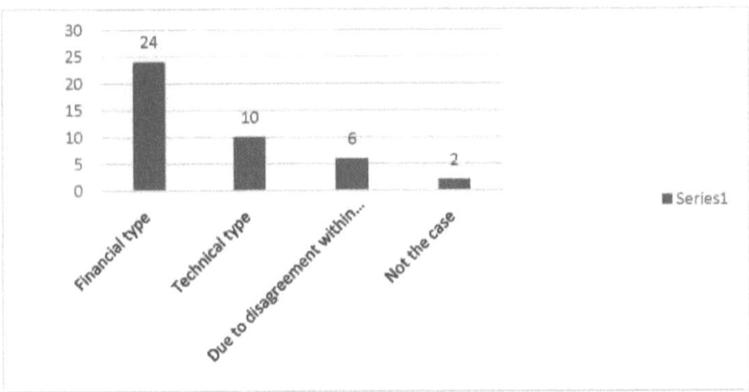

Figura 3.15 Principais dificuldades identificadas na execução dos projectos

Em conclusão, na sequência da análise dos questionários aplicados aos beneficiários dos projectos financiados no sector da educação, no âmbito do SOPHRD 2007-2013, verificamos que a execução do projeto teve um impacto real e positivo a médio e longo prazo nos membros do grupo-alvo.

CONCLUSÕES

"Projeto" tornou-se uma das palavras mais utilizadas no vocabulário empresarial em geral e no vocabulário atual da língua romena. Isto deve-se ao facto de estarmos a viver uma verdadeira explosão de projectos na economia mundial. Pode afirmar-se com segurança que os projectos - vistos simplesmente como acções que consomem tempo e orientadas por um objetivo preciso - caracterizam, em geral, a ação humana. A história dá-nos exemplos de projectos famosos, complexos e sofisticados, realizados ao longo de muitos anos, que produziram resultados notáveis, como a construção das Pirâmides ou a Grande Muralha da China.

Um caso particular de projectos são os projectos financiados pela UE. Estes visam apoiar as políticas europeias na realização dos objectivos, sendo a forma de aceder aos fundos europeus atribuídos aos Estados membros. Estes projectos são frequentes ao nível da União Europeia, diferindo de outros projectos através de elementos específicos e exigindo um modo de gestão adaptado. Os projectos financiados pela UE geram efeitos nas organizações executoras, nas partes interessadas, mas também nas regiões onde são implementados. Estes projectos visam desenvolver as regiões e alcançar o objetivo europeu - o desenvolvimento sustentável.

O objetivo geral do SOP HRD 2007-2013 era: "*desenvolvimento do capital humano e aumento da competitividade, correlacionando a educação e a aprendizagem ao longo da vida com o mercado de trabalho e assegurando maiores oportunidades de participação futura num mercado de trabalho moderno, flexível e inclusivo de 1 650 000 pessoas*".[76] No âmbito dos projectos implementados na região do Sul da Munténia, no sector da secção, ao abrigo do POP DRH 2007-2013, foi apoiado um número total de 85 888 pessoas (cerca de 5% do objetivo total visado pelo programa).

Para que tragam benefícios a longo prazo, os projectos devem ter em conta o contexto em que são implementados, responder às necessidades de desenvolvimento das organizações que os implementam e, por último, mas não menos importante, resolver alguns problemas. Cada projeto que tenha beneficiado de uma subvenção europeia tem de contribuir para a realização dos objectivos do programa, mas também para a realização dos objectivos estabelecidos pelas políticas europeias.

No que diz respeito aos montantes contratados no âmbito dos projetos financiados pelo SOPHRD 2007-2013 no setor da educação, notamos que a maioria dos fundos foi atraída nos condados de Dâmbovița, Prahova e Teleorman, em contraste, os menores fundos foram atraídos nos condados de Lalomiţa, Giurgiu e Călăraşi, embora o número de comunidades desfavorecidas seja elevado e o abandono escolar esteja acima da média nacional. A baixa taxa de captação de fundos estrangeiros não reembolsáveis nos três condados pode ser causada pela falta de interesse das partes interessadas

76 Programa Operacional Sectorial Desenvolvimento dos Recursos Humanos 2007-2013

locais em implementar os projetos, falta de competências para elaborar e implementar projetos no setor da educação, falta de recursos humanos e financeiros necessários para iniciar e implementar com sucesso um projeto, etc.

Estatisticamente, a situação da captação de fundos europeus no sector da educação, no âmbito do SOPHRD 2007-2013, é a seguinte

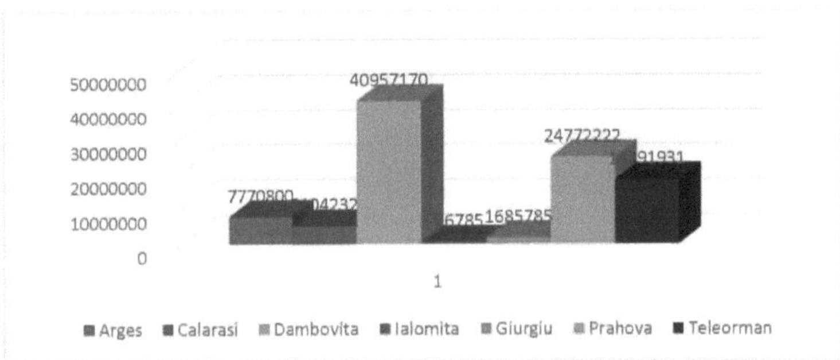

Figura 4.1 Distribuição dos fundos atraídos para o sector da educação ao abrigo do SOPHRD 2007-2013 - região do Sul da Munténia

Os resultados da investigação apresentada neste documento podem ser considerados como um apoio para melhorar a gestão dos projectos financiados pela UE. Outro *impacto potencial* dos resultados da investigação é a sensibilização dos gestores de projectos para a importância de avaliar e monitorizar o impacto dos projectos e os benefícios que este oferece.

Em conclusão, os fundos europeus devem ser vistos como uma importante fonte de financiamento que pode levar à modernização da Roménia, e a gestão de projectos como o instrumento que pode tornar possível este progresso. Um papel importante neste processo é a capacidade do Estado de canalizar os fundos de forma eficiente e eficaz para os utilizadores e para os investimentos adequados, a fim de alcançar o crescimento económico desejado. Estes fundos europeus podem agora dar um contributo importante para a estratégia de crescimento da Roménia. Neste contexto económico incerto, os projectos financiados pelos fundos europeus representam um importante motor de crescimento económico.

BIBLIOGRAFIA

LEGISLAÇÃO

1. Cristea, s., 2017, calitatea in educatie, tribuna invatamantului, 4 noiembrie 2017, www.tribunainvatamantului.ro/calitatea-in-educatie.ro, acedido em 20 de outubro de 2017.

2. Iova,R.A., Creţu, D., Lascăr E.- 2017 Aspectos do desenvolvimento sustentável na área rural. estudo de caso, Artigos Científicos. Série "Gestão, Engenharia Económica na Agricultura e desenvolvimento rural", Vol. 17(1), Print ISSN 2284-7995, E-ISSN 2285-3952

3. *** Documento de execução do quadro do SOPHRD 2007-2013, versão 11, anexo ao Despacho do Ministro dos Fundos Europeus n.º 4385/21.12.2015, página. 4385/21.12.2015, página. 11

4. ***GD 497/2004 que estabelece o quadro institucional para a coordenação, execução e gestão dos instrumentos estruturais

5. ***GD 398/2015 que estabelece o quadro institucional para a coordenação e gestão dos fundos estruturais europeus

6. ***http://www.adrmuntenia.ro/dezvoltare-regionala/static/2, acedido em 12 de outubro de 2017.

7. ***http://dse.upg-ploiesti.ro/index.php/proiectele-noastre acedido em 16 de outubro de 2017.

8. ***θordem n.º. 1069/31.05.2013, que aprova o Guia do Candidato - Condições gerais de aplicação do SOPHRD 2007-2013

9. ***http://www.proweb.ssai.valahia.ro/main/results?lang=ro acedido em 15 de outubro de 2017.

10. ***Raportul annual de implementare -2015 http://www.fonduri-ue.ro/images/files/programe/OLD/POSDRU/rai.posdru. acedido em 12 de outubro de 2017. 30.12.2015.pdf acedido em 12 de outubro de 2017.

11. ***Programa Operacional Sectorial de Desenvolvimento dos Recursos Humanos - SOPHRD 2007-2013, páginas 65-85

12. *** Studii şi analize realizate prin asistenţă tehnică din Programele operaţionale aferente perioadei 2007 - 2013

www.fonduri-ue.ro/transparenta/studii-analize, acedido em 11 de outubro de 2017.

FONTES DA INTERNET

***www.ec.europa.eu (site-ul oficial al Comisiei Europene)

***www.fonduri-ue.ro (site oficial al Ministerului Fondurilor Europene)

* ** *www.fonduri-structurale. ro*

***www.adrmuntenia.ro

***www.mastnet.ro

***www.acces-la-succes.ro

***www.calitate-in-educatie.ro

***www.liceul-cuza-alexandria.ro

***www.tr-emanager.ro.

***www.isjtr.ro

***www.upit.ro

***www.tvse.ro

***www.auto-form.ro

***www.euromecaform.ro

***www.deceris.ro

***www.edutic.ssai.valahia.ro

***www.edutic.ssai.valahia.ro

***www.isj-db.ro

* ** www.foredu.ro

***www.egalitateindiversitate.ro

***www.istorie-geografie.ro

***www.proweb.ssai.valahia.ro

***www.dse.upg-ploiesti.ro

***www.dse.upg-ploiesti.ro

* ** www.tr-ecariera.ro

***www.stagiidepractica-pitesti.ro

***www.colegiultehnicag.info

***www.managusamv.ro/calarasi

***www.liceulcioranescu.ro

***www.lvm-tgv.ro

***www.victorslavescu.ro

***www.praktica.upg-ploiesti.ro

***www.stagii.epractica.ro

***www.isjarges.ro

***www.primariacampulung.ro

***www.isjgiurgiu.ro

* ** www.scoalaestesansamea.ro

***www.ltindalimfetesti.ro

***www.primaria-mizil.ro

***www.catalactica.ro

***www.novacurricula.upit.ro

***www.informatica.upg-ploiesti.ro

***www.tfmi.upg-ploiesti.ro

Printed by Books on Demand GmbH, Norderstedt / Germany